作者简介

　　王宗喜，江苏丰县人，我国著名军事物流专家。军事仓储、军事物流、应急物流三个学科专业的创始人，后勤学院首席专家、教授、博士生导师、专业技术一级、少将；兼任中国物流学会副会长，中国物流与采购联合会应急物流专业委员会主任，国务院学位委员会第四、五届军事学科评议组成员，全国博士后管理委员会专家组成员，中国机械学会理事等。先后创编出版《军事仓储学》《仓储论》《军事物流学》等专著、教材 30 余部，发表论文 160 余篇，获国家教学成果二等奖 2 项、省部级科技进步一等奖 2 项。曾先后被评为"总后道德模范先进个人"、总后科技一代名师、全军优秀教师、全军院校教书育人先进教师、全国优秀教师，获"军队院校育才奖金奖"和"中国有突出贡献的物流专家""中国物流改革开放 30 年突出贡献人物"荣誉称号；1992 年起享受国务院政府特殊津贴。

宗喜

ZONGXI WULIU SIXIANG

物流思想

王宗喜　著

知识产权出版社

全国百佳图书出版单位

图书在版编目（CIP）数据

宗喜物流思想/王宗喜著. —北京：知识产权出版社，2016.9

ISBN 978 – 7 – 5130 – 4352 – 6

Ⅰ.①宗… Ⅱ.①王… Ⅲ.①军用物资—物流—物资管理—研究 Ⅳ.①E144

中国版本图书馆 CIP 数据核字（2016）第 191296 号

责任编辑：国晓健　　　　　　　　　　　　责任校对：谷　洋

封面设计：臧　磊　　　　　　　　　　　　责任出版：刘译文

宗喜物流思想

王宗喜　著

出版发行：**知识产权出版社** 有限责任公司	网　　址：http://www.ipph.cn
社　　址：北京市海淀区西外太平庄 55 号	邮　　编：100081
责编电话：010 – 82000860 转 8385	责编邮箱：guoxiaojian@cnipr.com
发行电话：010 – 82000860 转 8101/8102	发行传真：010 – 82000893/82005070/82000270
印　　刷：北京科信印刷有限公司	经　　销：各大网上书店、新华书店及相关专业书店
开　　本：787mm×1092mm　1/16	印　　张：13
版　　次：2016 年 9 月第 1 版	印　　次：2016 年 9 月第 1 次印刷
字　　数：158 千字	定　　价：42.00 元

ISBN 978-7-5130-4352-6

目　录

开 篇 辞

物流者，国计民生之大事也。富国强兵，功不可没。不论热火朝天之工地，还是硝烟弥漫之战场，无不活跃着物流身影。人类生活依赖于物流，宛如鱼类生存依赖于水源，断不可须臾分离之。是故欲谋兴国强军之策，必研开物兴流之道，古今中外，概莫能殊。

夫观天下，物资分布绝非均衡，或此高彼低，或众寡悬殊。物资拥有与物资需求之间，因位势差异而引发时空矛盾，于是物流便应运而生。综合集成专门人才、设施设备、规章制度等诸类要素，运用储运（静动）手段，解决时空矛盾，满足用户物资需求，此乃物流本质也。

物流意境，如诗如画，妙趣横生；物流文化，情真意切，特色鲜明；物流胸怀，海纳百川，波澜壮阔；物流思想，百花竞放，姹紫嫣红。物流主张动静相宜，收放自如，动中有静，静中有动，静若处子，动如疾风。物流倡导军民兼容，互利共赢，团结协作，相扶共荣。物流强调系统优化，综合集成，环节相连，对接无缝。物流注重统筹规划，兼蓄并容，有形无形，相辅相成。物流倡导天人合一，方正圆融，绿色环保，资源再生。物流强调信息主导，共享共用，主动感知，全程监控。物流主张和谐快乐，志坚心诚，永不言败，一路春风。物流推崇服务至上，一体联动，细致周到，润物无声。

政策和策略，乃物流之生命。非大智慧者，不足以谋良计；非果敢者，亦难以施巧策。巧策良谋，实为物流制胜之法宝也。一是正奇策略。正奇相依，相克相生。其发力点在于以正养德，以奇制胜。正为根基，奇为枝叶，正奇相宜，则根深叶茂矣。持诚信以守德，施奇招以破敌，则胜利不远矣。二是借风扬帆策略。风者，势也。顺势而为，乘风破浪，物流之舟定达胜利之彼岸。

关键在于审时度势，捕捉时机。孔明借东风取曹营之箭，是为典例。三是特色兴流策略。平淡无奇，无一特色之物流业，往往举步维艰难以为继。而创特色品牌，扬特色优势，实为特色兴流策略之灵魂也。四是科技兴流策略。无先进科技，断无现代物流。集资集智，攻关科技，以科技进步助推物流发展，此乃物流成功之要诀。五是纲举目张策略。物流项目，林林总总，然总有一纲统之。唯有牢牢抓住统揽全局之大纲，才能带动全盘项目滚动发展。抓重点，带一般；抓核心，带外围；抓灵魂，带躯干；抓主线，带全面，此乃纲举目张策略之要义。六是文化兴流策略。荒芜文化之物流，势必枯萎凋零。中华物流文化精品，至今熠熠生辉。诸如木牛流马、都江堰水利工程、官渡之战火烧乌巢粮仓、诸葛亮草船借箭、京杭大运河、丝绸之路、南水北调、西气东输、成吉思汗羊群物流、汶川地震背篓物流等，无不闪耀着物流文化智慧之光，无不揭示着文化兴流策略之真谛。

大道至简，勤可补拙。寻物流正道，觅物流哲理，兴物流文化，扬物流思想，实为我多年之夙愿。自知才疏学浅，故勤勉笔耕，不敢懈怠。现将几十年所感所悟所思所想，尽录于此册，诚望诸家指教。

卷 一

物流本质篇

　　多彩多姿的现代人类文明社会，涌动着四大流，即人流、物流、信息流和经济流。四流纵横交织，奔腾不息，描摹着五彩缤纷的社会图景，维系并推动着社会的进步与发展。而被喻为"人类第三利润源泉"的物流，其所提供的乃是人类社会一切活动的物质基础，故而格外受到重视。人类社会的物流活动可谓五花八门、形态各异，但其本质是不变的，都是统筹资源，调节动静关系，满足社会需求，实现时间和空间价值。剖析本质，把握规律，促其发展，乃是认识和改造事物的基本过程。沿着这种思路，论断物流本质，其深刻意义毋庸置疑。

一

物流者，国计民生之大事也。兴物流以壮经济，畅物兴流以固国防，此乃富国益民强军之大计。

如果把人类社会比作一个人的肌体，那么物流就好比肌体的大动脉，人没有大动脉为其输送养料要死亡，社会离开物流同样也难以为继。纵观人类社会发展的历史进程，始终面临两大根本性的挑战，即安全健康和发展进步。社会安全与健康的挑战，一是来自自然界的各种灾害和疾病，二是人类社会因利益纷争而导致的地区冲突甚至战争。应对突发自然灾害和公共卫生事件，离不开物流及时、有效地支持。同理，有效应对可能的地区冲突和战争，必须有强大的军事物流做支撑。只有从国家安全战略的高度，审视军事物流才能真正把握军事物流的重要性。首先，打赢信息化战争，必须拥有一支能征惯战的军事物流力量；其次，建设强大的国防和军队，离不开军事物流的强力支持和保障；再次，完成多样化的军事任务，更需要军民结合的军事物流体系作支撑。可见，无论是在乱云飞渡的抢险救灾中，还是在刀光剑影的战场上，都活跃着物流的高大身躯。人类社会的安全与健康，总也离不开物流支援和维护。

人类社会的发展与进步，需要科学技术作为生产力，需要社会经济的良性循环，更需求文化的传播与交流。而科学技术的繁荣进步，须臾离不开物流的滋润和培育。社会经济的发展同样离不开物流的运作，只有经济流通更加快速、更加合理，才能促进社会物资资源的优化配置。古今中外，无一例外。物流活动不仅是物资的流通，也是文化的交流，中国丝绸之路的源远流长，郑和七下西洋的文化传播，不仅促进了中国社会的发展，也推动了世界的进步。

追溯物流本源，研究物流本质，其价值不言自明。

二

物资是生命之源，物流之本。人之于物，宛若鱼之于水，水尽则鱼灭，物竭则人亡矣。古今中外，人类无不格外重视物资之开发利用。耕地以获粮，开矿以炼铁，建仓以储物，修道以通流，精心打造着人类营养之王国。

物资作为人类生产、生活所需要的物质资料，通常由虚实二体构成。物之实体总占据一定空间，以各种形状、大小及颜色显现于世，故人类易于察而知之；物之虚体则不然，其品格脾气、理化特性往往深藏于实体之内，非仔细体悟而不可识也。仅知其实体而不识其虚体，贸然使之用之，则往往深受其害。将毒草用之于食，携油品近之于火，视赝品如珍宝，持黄金作粪土者，皆因误识其虚体所致矣。观实体于外，察虚体于内，内外结合，虚实一体，方能正确认识物资，进而用其长避其短。

细考察物资虚实特性，主要表现在五个方面：

一是数量性，即反映某批物资在数量轴上的坐标位置。物资需求方需要多少物资，而供方能提供多少物资，这些信息必须牢牢掌握在物流人手中；否则也必然导致物流活动的中断或失败。在物流过程中，供大于求，或者供不应求，都会给物流效果造成极大危害。流量过小，则不能满足需求，直接影响物资保障；反之流量过大，则造成积压浪费，同样也会给物资保障造成不良后果。智慧的物流人应当精于计算、善于预测，力争物资的数量落入合理的范围。物资的数量性，既可处于变动状态，亦可处于相对静止状态，即在某段时间内数量可增可减，亦可在这段时间内无任何数量变化。

二是质量性，即物资在质量轴上的坐标位置。某批物资是否质量合格，对于末端物流的使用者来讲，是十分重要的。优秀的物流人必须通过各种有效手段，掌握物资的质量品种，力争物流中的产品达到百分之百的合格，杜绝劣质产品流入物流之中。物资的质量性，严格来讲时刻处于变动状态，即从微观分析，物资的质量一直在变化着。当某类物资虽然变化，但仍未脱离合格的范围，则可视为静止态。

三是时间性，即反映某批物资在时间轴上的坐标位置。物流人应能及时地掌握某批物资处在什么时间点上或者处于怎样的一个时间区段上，而需求方在何时需要这批物资才能将这批物资及时地派上用场，才能有效地谋划这批物资的流向和流量。物资的时间方位，时时刻刻处于变动状态，且具有不可逆转性。

四是空间性，即某批物资在空间轴上的坐标位置。它表示这一批物资具体处在哪个空间位置上。物流人应准确地掌握物资的具体方位，了解物资处在哪个仓库中，以及哪个地方需要这批物资，做到空间方位了然于胸。只有这样，才能科学地谋划物流方案，对用户实施有效的支援和供应。物资的空间性，既可处于变动状态，亦可处于静止态。

五是归属性，即物资在归属轴上的具体位置。物资的归属性对于物流来讲，乃是至关重要的一个特性。试想：尽管物流信息中已有时间、数量、质量及空间位置的内容，然而尚不清楚这批物资的所有权，谁有权动用它，那么将如何调动这批物资呢？显然是难以将这批物资投入物流中去的。可见，物流人必须掌握物资的归属性，才能准确无误地管理物流、控制物流。物资的归属性一般处于相对静止态，只有在特殊情况下才处于变动状态，而恰恰这种变动才是物流的目标之一。

物资不仅具有数量、质量、时间、空间以及归属五大特性，更具有情感，正所谓万物皆有情。万物皆有情，只不过不如动物善于表达而已。动物和人遇喜事而雀跃，遇悲哀而号啕，善于表情达意。物资虽不如此张扬，但也绝非无动于衷。树木遇寒风而瑟瑟，遇春雨而哗哗；机器遇潮湿而生锈，得保养而欢歌，难道不是其情之所诉吗？情之表达，实则传递信息也。凡物资，无时无刻不在向人类发布信息：或述说其用途而请战，或倾吐其遭遇而寻求保护，或因怀才不遇而愤愤，或因环境适宜而愉悦。高明之士总是善于倾听物资之倾诉，总是善于解读万物之信息，用其长而避其短；更高明之士则于物资释放信息之前，便能通晓其意，防隐患于未然，以奏物尽其用之效。人亲物，则物必亲人；人爱物，则物必报恩于人。人虐物，则物必虐人。置万物之倾诉于不顾，狂采乱伐，暴殄天物者，则必遭报复。因此，善待万物，善待环境，至善至亲，和谐相处，取之有道，用之有度，物尽其用，乃物流人待万物之通则。

三

纵观天下，万物都以动静之态显现于世。或动如脱兔，或静若处子，亦动亦静，千姿百态，描摹着世间众象。流者，融动静态于一体也。观大海，时而汹涌澎湃，时而波平浪静；看高山，时而巍峨静立，时而岩浆喷涌。茫茫大河，滚滚波涛之下亦有死水如镜；泱泱大湖，静静湖面之下也有浪翻潮涌。故而观察万事万物，断不可执其静否其动，亦不可执其动而否其静。

流之现象种类繁多，形态各异。流而有形者，谓之有形流，如人流、物流、水流、气流等，观之便知其状；流而无形者，谓之无形流，如电流、信息流、意识流等，察之难识其态。但不论何种流，都具有四大特性。一是秩序性。凡流者皆遵循一定秩序，依序而动，若无序紊流，则必为世间造成祸害。君不见洪水泛滥、瘟疫横行等，无不给人类社会带来极大危害。二是群体性。凡流皆由同类多体物资参与，若单体运行，则是物理位移现象。当众多同类物体连续不断地按秩序位移，便形成流。三是方向性。凡流皆有方向，即按一定指向流动。若设定有益于人类社会进步之流为正向流，那么危害人类发展之流则必为逆向流。四是可控性。凡流皆可控制。人类总可以运用各种科技手段，对流加以调控，使之化无序为有序、化逆向为正向、化腐朽为神奇，以造福于人类。

观察流现象，揭示流规律，通常有四法可循。一是观流态，即测流动静态之度；二是考流向，即判流利害向之规；三是度流量，即论流大小量之别；四是察流道，即探流成败之律。将此四法综合运用，融汇提炼，则可观察世间万事万物也。

以此法考量人体，人体无非由四大流所构成，即食物流、空气流、体液流和神经流。食物经由嘴巴、食管、胃、小肠、大肠最后排出体外，节节相通，环环相连，形成一条食物流，向人体不断提供各类营养物质；人体通过吸入氧气，呼出二氧化碳，完成体内外气体交换和新陈代谢；尿液、血液和汗水所形成的体液流，各司其职，各尽其能，不断向人体补充能量并及时排出废物；而星罗棋布般的神经网络，流淌着各类信息，汇于大脑，散于全身，指挥着人体的各种活动。上述四流，相互协作，共同维系着人的生命与活力，其中任何一流出现故障，都将引发疾病，足见医病者，实则医流也。中医云"痛则不通"，此言不谬也。

以此法考察现代战争，不难发现它是由人流、物流和信息流三大流所构成。所谓人流，是各级军事指挥员运用军事理论调动部队，完成兵力集结和攻防转换；物流，则是各级后勤指挥员运用现代物流理论和后勤理论，调动军事用物资，实现保障有力的目标；信息流则是指挥员与指挥对象之间信息的交互，它起到穿针引线、实现人流和物流合拍流动的作用。人流是运用信息流和物流的主体，具有主导作用；物流则是人流、信息流赖以生存发展的物质基础。现代战争中交战双方的拼争，实质上是敌我双方指挥员充分运用信息流，使己方人流与物流实现最佳结合，同时运用各种手段破坏敌方人流和物流有效结合的过程，说到底是三大流综合实力的比拼较量。只有人流、物流和信息流达到最佳汇合，才能产生最大的战斗力。胜利之神往往青睐于三大流综合实力强的一方。古往今来，三大流互促共进，协调发展，谱写了人类战争发展史。

无论是人体还是现代战争，皆由形形色色的流所构成，微观如此，宏观亦然。大至一个国家，小至一个家庭，无不奔腾着各种各样的流。纵横交错之铁路公路，状如蛛网之江河水道，时刻流淌着各类物资，购物于街，卖货于市，藏粮于仓，装修于室，时时围绕着家庭之兴衰而运作物流。正是这些大大小小的流，同力维系着万事万物之生命，促进着它们的成长与发展！也同样因为这些流，不断更新着万事万物的结构与面貌，促使它们由弱小到强大，由兴盛到衰亡，完成由生到死的过程循环。季节之春夏秋冬，人类之少青壮暮，太阳之朝升暮落，月亮之钩微圆缺，无不殊途而同归地描述着流的循环轨迹，揭示着世界万事万物的兴亡之道。真可谓世界万象，流者为众。

浩瀚宇宙，无边无际；万事万物，变幻无穷。追溯其大，虽穷尽脑汁而难觅其至大；探究其小，虽挖空心思也难寻其至小。若以物流之观点考察，事物至大至小皆止于零，而零既是万物生之起点，亦是万物亡之终点。小而大，大而小；分而合，合而分；动而静，静而动；生而死，死而生……如此循环往复，无穷尽也。故而天下之事，皆由零至零而画圆也。如此考察流现象，乃跨入物流王国之第一步。

同样，物流也是一种流现象。物流经历了一个漫长的发展过程，早期的物流，设施设备非常简陋，物流作业几乎完全靠人搬肩扛，处于人力物流阶段。随着社会的进步与发展，物流作业领域投入了大量的机械设备，作业效率得到了大幅度提升，跨入了机械物流阶段。而今现代科技高速发展，物流信息化有了长足的进步，信息物流已初见端倪，现代物流业蓬勃发展的春天已经到来。随着高新技术的发展和社会进步，智慧物流的脚步声也已隐约可见。

四

大千世界，奇妙无穷，感召着人们去探索、去认识。要想科学地认识世界万物，必须锻造一把认识事物的钥匙。这把钥匙就是学科的思维路线，即发现现象、表述现象、提炼概念、分析特点、剖析结构、认识功能、权衡利弊以及研究对策，通过认识事物的八个步骤，学会抓住问题的关键，把握事物的本质。

物流是实物的流动。宏观论之，物流可分为两大类，一类谓之自然物流，另一类谓之社会物流。前者如空气流、河水流、泥石流等，属自然现象；后者如商业物流、农业物流、军事物流等，乃社会现象。

社会四大活动即环境建设、生活、生产和军事所需物资，皆由物流完成保障。探究社会物流，可由管理学角度研究之。将物流运动视作管理活动，研究其决策流向、计划方案、协调动静、监控流程之规律，集中回答两大问题：一是如何构建优秀的物流系统；二是如何驾驭物流系统高效完成物流任务。亦可由经济学角度研究之。将物流活动视作经济现象，着力探讨其统筹资源、改进服务、降低成本、增大收益的经济规律，以实现经济效益最大化。由此可见，社会物流既是一种特殊的管理活动，也是一种特殊的经济活动。

物流的主题是：物畅其流，物尽其用。物流的本质使命，一是优化物资资源配置；二是满足用户之物资需求。优化物资资源在于运用科技手段，采用统筹方法，协调动态关系，实现物资资源的合理配置。优质高效地满足用户之需，乃物流孜孜以求之最高目标。细察之，供需双方物资矛盾主要体现四点：一是数量差异；二是质量差异；三是时间差异；四是空间差异。当且仅当"数、质、时、空"四大矛盾完全解决，才是物流完成了本质使命。物流的主旋律和主基调是综合有序、和谐欢快、连续畅通、优质服务。而张弛有度、动静有节，给人以欢娱的快乐物流则是物流运作的最高境界。

社会物资资源分布与社会物资需求之间的时空矛盾，乃是产生物流之根本原因。物流以动静两大基本手段，交替使用，有效解决时空矛盾。静则为储，凭借仓储手段，化解供需双方的时间矛盾；动则为运，凭借运输手段，克服供需双方的空间矛盾。不论是从时空占有量上来考察，还是从费用消耗量上来测度，仓储和运输都在物流活动中占有最大比重。称"仓储"与"运输"为物流的两大支柱，此论不谬。深入考量物资持有方与物资需求方之间的供需矛盾，集中反映在时空差异上，而物流正是利用储存与运输这两大法宝来解决的。将物资暂时储存于仓库中，待需要时再将物资送到客户手中，这就解决了供需双方的时间矛盾。物资供应地与需求地之间有一段距离，形成了空间矛盾，而物流依靠运输手段则有效地化解了这种矛盾。探索研究物资动静规律，是现代物流的永恒主题。必须认真谋划何时动何时静、何时何地储，何地静何地动、何时何地运，静多少动多少，以解决好物资动静时空关系。

物流是一种艺术，是动静结合的艺术，是调节时空的艺术。其本质艺术特征有四点：一为秩序性。物流诸元错落有致，前后有序，依规而行，循序而动，创造着感人之艺术魅力。二为连续性。物流诸元无缝链接，连绵不断，起伏仰止，滚滚而动。三为系统性。物流系统贯通一体，整体优化，时时展示其系统美。四为方向性。正向物流造福于人类，而逆流而动者则为人类所不齿也。只有精通物流之道，并熟练掌握动静艺术者，才真正成为一名物流艺术家。

现代物流的重要标志是军民融合、综合集成、全程可控和主动配送。现代物流的先进理念集中体现在系统物流、和谐物流、绿色物流、快乐物流、智能物流等方面。系统物流观，是以系统的思想协调物流内部诸元的复杂关系，不断促进物流诸环节的无缝衔接，使系统整体效益最佳和有限资源配置最佳。其核心思想是整体规划、系统设计。和谐物流观，是运用"和谐"思想，使物流系统的各个要素都处于适当的位置，内部结构先进合理，人与物、人与人之间都能发挥最佳的作用，物资的数量、质量、时间、空间的差异都得到圆满的解决，以便于优质高效地满足用户需求。绿色物流观，是继承"天人合一"思想，积极倡导循环利用、绿色包装、绿色运输等理念，减少环境污染，节约有限的物资资源，谋求人与物、物流与自然环境的和谐统一，实现可持续发展。快乐物流观，是以满足他人需要，实现他人快乐为基础，为用户提供个性化和多样化服务的理念。智能物流观，倡导高新技术在物流领域推广应用，尤其是通过互联网或者物联网，把采集的物流信息通过网络传输到数据中心，由数据中心做出判断和控制，再反馈到系统的各部分，做出协调、优化的应对措施，将物流运作推入智能化的新阶段。物流智能化可以理解为"信息化＋自动化＋网络化"，它昭示着物流技术的美好发展前景。

物流横跨自然科学、管理科学和经济科学几大领域，其胸襟之博大浩瀚，可见一斑。物流可包容多学科之精华，无论是哲学之原理，还是物理学之结晶，抑或是数学之定律，皆可在物流领域展示才华。物流容忍思维之幼稚，激励思维活跃与创新，喜"新"厌"旧"乃物流之秉性。新思维的介入必给物流增添勃勃生机与活力。抱残守缺、故步自封乃物流之大敌，而抗拒这种大敌最有效的手段莫过于创新。而物流创新亟须保持一颗童心。俗话云"童言无忌"，恰与物流之品格相宜。童心好奇，奇思连篇则利于创新；童心无畏，无畏无惧才能破难而上；童心纯洁，纯洁则易于反映物流之本质。

简而言之，物流的本质是综合集成物流人、物流设备及规章制度等要素，科学运用（静动）手段，克服供需时空矛盾，优质高效地满足用户的物资需求。

　　唯有真正通晓物流本质而又始终保持一颗童心者，才有希望驾驶物流之舟抵达胜利的彼岸。

卷 二

物流系统篇

　　系统的普遍性决定了它无所不在、无时不有，客观存在于整个宇宙及人类社会发展的全过程。系统的复杂性和动态性决定了人类认识过程的渐进性。随着人类社会的不断发展与进步，人类在同自然界的漫长斗争中对系统的理解和认识不断深化，逐步清晰。系统是在一定的环境制约下，由相互联系和相互制约的要素组成，具有一定结构和特定功能的相对稳定的有机集合体。物流系统也是由若干相互制约互为条件的要素（或子系统）所组成的，具有物流功能的集合体。研究物流系统，就是要科学地揭示物流的活动规律，把系统理论和系统分析方法运用于物流实践，提高物流活动的效益，达到理论与实践相结合、相统一的美好境界。

一

　　物流是一个复杂的人工系统，其活动具有鲜明的系统性。要想正确认识物流，必须运用系统分析这个锐利的思想武器。从纵向看，物资经由筹措、仓储、运输、装卸搬运、流通加工、配送等环节流向客户，环环相连，节节相扣，形成了一个相互制约、相互关联的链状体系。从横向看，流体物资门类繁杂，既有固态物料，又有液体物资，既有大型装备，又有散装物料，各类物资的流动既相互联系又存在区别，共同构成整个物流系统。只有用系统分析的方法，全面剖析物流内部纵横关系，才能够认识物流系统的运行规律，从中寻找最有效的调控方法，实现物流系统的整体优化。

　　物流系统的复杂性和关联性需要全面统筹地看待和解决物流运作过程中的各种问题。当前，在物流领域，许多人习惯于依靠传统的经验管理方法来解决问题，弊病很多。如，"头痛医头，脚痛医脚"，"眉毛、胡子一起抓"；片面追求局部利益，忽视整体效益；上马物流项目缺乏定量分析和科学论证，致使盲目投资，重复建设，效益低下，等等。要真正解决这些问题，必须运用系统思维方法，统筹资源，科学规划，综合计划物流系统内部诸要素的合理配置，实现物流技术指标的优选合成，达到物流系统功能的有效衔接与匹配。

　　物流是一个动态系统，有着自身的发展规律。认真研究物流的内部结构，掌握其系统运行规律，对于建立科学合理的物流系统具有重要意义。物流系统思想是针对特定的物流目标，以系统理论为指导，以现代信息技术为手段，把物流各个功能环节有机结合起来，力求使系统的整体效益达到最优。物流系统思想重在揭示其各功能环节及相关因素的内部联系，是系统理论和信息技术与物流实践相结合的必然产物。

物流系统思想是最具物流生命力的核心思想。物流的系统化可以大大节约流通费用，提高流通的效率与效益，从而提高整个国民经济的质量和效益。物流系统化是一个国家流通现代化的主要标志，是一个国家综合实力的生动体现。因此，积极倡导物流系统思想，促进物流事业沿着正确的道路健康发展，对于提升综合国力具有重要价值。

二

由于物流的类型十分复杂，分类的依据不同，分类的结果也有很大差异。从不同角度剖析物流系统的构成要素，不仅有利于活跃物流学术思想，而且极利于物流理论的发展与创新。如有形要素与无形要素的分解与合成，战略要素与战术要素的归纳与提炼；静态要素与动态要素的比较研究等，都将大大开阔我们的系统思维视野。

物流系统的结构决定着系统功能。改变物流系统结构势必造成其功能发生变化。物流系统既包涵系统构成的诸要素，又涵盖诸要素之间的关系，由此形成物流系统的结构，并产生相应的功能。研究系统的结构，要依据研究目的来确定具体方法，如为了探求系统的总体轮廓，可以分析系统的外观形体；而为了进一步探索系统的运转机理，则必须深入分析其内部要素结构。物流系统的结构通常可以通过要素组成、运作环节、运转层次以及技术构成等不同的侧面来反映。欲实现新功能，必须调整它的内部结构。

物流系统的结构研究，应从物流的本质特征出发，按照物资实现时空转移的过程进行区分。物流系统具体可包括五大要素，一是流体，物流系统中的"物资"，物流作业的对象；二是载体，流体借以流动的物流设施和物流设备；三是流向，流体从供应起点到用户需求终点的流动方向；四是流量，通过载体的流体在一定时间内一定流向上的数量表现；五是流程，通过载体的流体在一定流向上行驶路径的数量表现。

物流流体的形质安全是物流系统的重要职能。在物流运作过程中，需要充分保护好流体，使其自然属性不受损坏，并根据物资的自然属性合理安排运输、储存、包装、装卸、配送等物流作业，以实现流体从物资供应商向用户有序流动的目标。

物流载体的"健康"状况决定着物流的质量、效率和效益。铁路、公路、港口、码头、机场等物流设施，车辆、船舶、运输机、装卸搬运设备等物流设备，是承载并运送流体的基本条件，其建设水平、运作能力制约着物流系统的有序运行。

物资价位决定着流向。物流总是由低价位流向高价位，而绝不会相反。物流的流向包括市场流向、计划流向和实际流向。计划流向只有顺应市场流向，才能使实际流向更加合理，更有利于降低物流成本、加快物流速度。

流量一定程度上反映了物流运作状态。流量与流向相对应，流量的理想状态是在所有流向上的流量都均匀分布，而在现实中流体之间、载体之间、流向之间以及承运人和托运人之间的实际流量不可能实现均衡分布，这就需要物流系统通过统筹协调来逐步达到现实状态与理想状态之间的平衡。

追求可行路径中的最短路径是物流流程的理想目标。路径越长，物流运输成本越高。因此必须设法缩短物流流程，合理优化运输路径，以降低运输成本，提高物流系统的经济效益。

流体、载体、流向、流量以及流程的素质高低决定了物流系统的整体水平。流体、载体、流向、流量以及流程是物流系统的基本要素，且诸要素之间联系紧密。流体的自然属性决定了载体的类型和规格，流体的社会属性决定了流向、流量和流程；载体对流向、流量和流程有制约作用，载体的状况对流体的自然属性和社会属性均会产生影响。物流系统中某一要素素质水平的降低，势必影响其他要素效能的发挥，进而影响整个物流系统的能力水平。因此，只有全面提高系统各要素的素质水平，才能使整个物流系统的能力水平随之提高。

物流系统功能是物流系统结构正常运转所发挥的效能。物流系统的基本功能有两项：一是积势蓄能。物流系统中，流体积蓄产生巨大的势能，同时创造了时间价值。当用户提出需求，便适时流动，向用户源源不断地供应物资，起到调控物流状态，解决供需时间矛盾的作用。二是空间位移。物流系统的活动空间广阔，根据用户的不同需求，流体在载体的承载作用下，依靠其强大的运载能力，选择恰当的时机和准确的地点实现空间位移。

从物流系统运作的全过程来看，物资筹措、运输、储存、装卸搬运、包装、流通加工、配送以及信息处理是其重要环节。筹措是物流的源头，筹措的数量与品类，筹措的方法和渠道，筹措的时机和方式等，为下游诸环节运作奠定了基础，而且都直接影响着整个物流系统的水平和质量。运输是实现物资时空转移的主要支柱。对外向用户提供物资供给，对内畅通物流通道，均衡各仓库的储备布局，发挥其空间位移物资的功能。运输路线的选择、运输方式的确定、运输方案的优化等，都直接影响着物流的质量和效益。储存主要在于调节流向与流量，创造时间价值，与运输并称作"物流的两大支柱"。储存的数量与质量，储存的方式方法与期限，储存的布局和形态，都关系到物流的整体质量，成为物流长河中的"水库"和"闸门"。包装具有标识物资、保护物资的重要功能作用。物流系统总是想方设法强化包装功能，不断增强其防护性，以抵御复杂环境的破坏和袭扰。配送直接面向用户，强调主动服务，主动地向用户提供物资；配送服务始终保持相当的柔性，以满足用户个性化的需求。信息处理则是实现物流系统有效运作的基础。物流系统自身产生各种信息，并借用科技手段采集整理与之相关的信息，以参与物流系统的管理与决策，指导物流不断发展。物流系统伴随着信息技术的大面积应用，尤其是随着物联网技术的推广应用，必将出现一个高度自动化、智能化的崭新局面。

接合部是物流系统必须高度关注的重点。物流系统的运作如环环相扣、节节相连的链条，在物资筹措、运输、储存、包装、配送、信息处理等各环节之间存在着横向和纵向接合部，这些接合部位置关键、联结脆弱、成分多元、协调复杂，极易成为物流系统功能提升的"瓶颈"。如，装卸搬运，既是仓储与运输环节之间相衔接的接合部，又是公、铁、水、空等不同运输方式之间转换的接合部。需要加强预测和对策研究，搞好管理与监控，建立统一的标准制度，才能实现物流系统运作的无缝链接。

物流系统的不同能位必须与人才的能级相匹配，才能保证物流系统发挥最优的服务保障。物流系统的活动特色是宏观定性谋划、中观计划设计、微观精细作业，由此形成了高、中、初三个能位，即宏观决策层、中观管理层和微观执行层。物流人才亦可分为高、中、初三级，具有战略眼光、能够统帅物流全局、善于做出科学决策或者具有高层次物流理论研究能力的高能级人才；精于管理并做出卓越贡献或者具有突出的物流管理理论研究能力的中级人才；善于独立执行物流任务或者在物流一线进行技术创造的低能级人才。物流系统的能位和能级只是从负责任大小、能力范围的宽窄来排序，并无贵贱之分。只有恰当处理物流系统的能位和能级关系，使物流能位与人才能级相匹配，才能够保证物流人才积极性和创造性的正常发挥，促进物流系统的高效运行。反之，任何高能低用或者低能高用，都是对物流人才的极大浪费，物流工作也必然会每况愈下。

增强物流系统的实用性是改进物流技术构成的基本标准。物流技术构成是物流系统的技术之间相互渗透、相互融合的组合状态，是一种动态的结构，随着时代的发展而变化。物流技术诸元包括物流规划技术、仓储技术、集装储运技术、装卸搬运技术、物资编码技术、物资识别技术、物资测检技术、物流信息技术等等，共同构成应用性极强的技术群体。改进物流技术构成要处理好技术、经济与效果之间的关系，一味追求技术的先进性，而忽视了整体技术结构的适用性，会导致结构的变形反而影响物流效果；一味抱残守缺，固守原结构不变，也同样会破坏其适用性。同时，还应考虑物流技术的经济性，尽量做到以较少的投入赢得较大的经济效果。

物流系统的发展进步是一个螺旋式的上升过程。物流系统经历了由简单到复杂、由初级到高级的发展过程。物流系统通过系统设计、系统运行、系统分析、系统监控、系统评估以及系统改造，形成一个闭合的循环，周而复始，步步提升导引着物流系统沿着预定的目标不断发展。

物流系统设计是为了实现物流目标和理想模式，进行系统设计制订方案的过程。物流系统设计要量入为出，勤俭节约，量体裁衣，尽量以较少的投入换取较大的产出。要立足于物流的现实状况，放眼观察物流的发展动态，瞄准未来物流的总趋势，大胆革新，有所改造。要合理规划、讲求效益，力争计划既有必要性又具有可行性，既追求经济效益又讲究追求社会效益。

物流系统运行是按照设计的物流方案组织实施，并因地制宜加以调控的过程。维持物流系统的正常运行，必须了解物流运行的规律，及时掌握物流运行状态，知晓物流的进度，牢牢控制影响全局的关键环节，严格控制物流质量，及时消除物流隐患，不断优化物流过程，推动整个物流系统合理运转。科学调控物流系统运行，适时调整变更流向和流量，严把物流质量关，才能确保物流目标的顺利达成。

物流系统分析是考察物流系统内部复杂联系，确保系统整体功能得以实现的有效手段。物流系统分析可归纳为两种典型的思维方式。一是正向思维方式，通过考察物流系统各构成要素之间的联系，分析其相对稳定的结构，研究其所表现出的物流功能，以及最终所能实现的目标；二是逆向思维方式，为实现某一物流目标，合理确定物流功能，然后根据系统功能的结构设计，最终体现为各要素之间的有机联系。在物流系统中，往往围绕既定目标进行分析，系统分析的逆向思维方式运用较多。

物流系统监控是对物流系统运行环境和内部活动的监测与控制，以保证物流系统质量。物流系统监控往往借助技术措施，掌握物流系统运行活动的环境条件，包括温度、湿度、安全防护等因素，检测和分析物流系统内部各要素的活动情况；然后归纳出主要质量项目，找出影响物流系统质量的关键因素，即"关键中的少数和次要中的多数"，有所侧重地加以分类解决，带动整个物流系统的质量建设。

物流系统评估是对物流系统功能和效益的考量和测评，包括定性和定量评估。物流系统评估是提高物流系统管理效果的重要手段，也是物流系统发展链条中的关键环节。物流系统评估要建立评估体系和绩效标准，形成持续评估的机制，而且评估范围不仅限于对系统内部各子系统的评估，还要对物流系统上、下游进行评价。应尽量引入量化分析手段，从物流系统的物质力量和精神力量等方面，更加符合客观实际的评价其功能和效果。

物流系统改造，依据系统评价结果，找出病因，确立新功能，提出改革方案。物系理论是物流系统改造，进行科学谋断、寻求最优解决策略的重要方法，尤其是为解决不相容物流事件提供了思维谋划途径。物系由目标物系和条件物系构成，反映了物流系统运作中存在问题的特征和特征值。欲形成新的物流系统功能，必须实现由不相容物流事件向相容物流事件的转化。首先确立物流系统改造的目标物系，应充分考虑物流系统的外围循环，反复论证，精心谋划；其次进行功能分析，找出目标物系与条件物系之间存在的差距，提出疑问物系，应做到主次分明、繁简适当；再次开拓思路，创新思维，综合运用置换、增删、扩缩和组分的方法，变换条件物系的基本形式，形成物流问题的最优解决策略；最后进行系统优化和流程再造，实施必要的管理，形成新的更加完善的物流系统。

三

物流系统是一个开放的复杂巨系统，需要不断吸纳高新技术，不断综合提炼多学科科研成果，杂交于物流土地上，才能使物流系统不断丰富完善，沿着正确道路健康发展。

军地物流一体化是军地两大物流系统融合发展的必然趋势。军地物流系统的发展，要从国家全局利益出发，充分发挥军地物流资源的效益，促进国家经济建设与国防军队建设的协调发展。未来信息化战争，强度高、节奏快、需求急、消耗大，物流保障任务重、要求高、难度大，仅靠军队物流系统远远不能满足作战物资保障的需求，必须要加强与地方物流系统的联合，才有可能为战争胜利奠定强大的物质基础。军地物流一体化是一种制度与规范的创新，是一种思想与观念的革命。它将有效打破军地物流系统的二元结构，消除军地物流系统之间的人为分割，达到军地结合、兵民结合，寓军于民、以民促军，军地物流协调发展的目的。军地物流一体化是对军队物流系统与地方物流系统可兼容资源的整合与集成，既是一种协调发展、相互融合、高度统一的状态，又是一个漫长而复杂的逐步"融合"建设过程。

供应链是物流系统发展的高级形态。供应链是由物流系统的职能拓展和战略合作所形成的多实体网络系统，是系统优化思想的集中体现。由于信息网络技术的高速发展，社会资源的进一步优化整合，使企业之间的竞争，逐步演变成为以核心企业为主导，联合上游和下游企业形成战略联盟的供应链之间的竞争。供应链管理的最大特点是围绕共同利益的无主体管理，链上成员之间是平等协商的关系，信任和合作是有效集成的重要条件。供应链是上下游贯通的逐级服务链，其核心理念是上游全心全意地为下游成员服务，从而形成立足战略、面向长期、共享信息、共担风险、力求双赢的合约关系。

经济全球化必将带动国际物流大融合。由于信息资源全球共享，促使生产要素全球流动，形成全球的产业分工和资源配置，国与国之间的经济越来越相互依存，谋求共同发展，由此导致物流业务跨越国界，物流系统的活动在全球范围运作。国际物流的大融合，必将使物流系统在质量、价格和服务等诸多方面得以优化。保证国际物流通道安全是实现国际物流融合的物质基础，需要国与国之间的谈判和协商，甚至需要依靠各个国家的力量共同来维护通道的安全。形成共同的国际物流道德规范是实现国际物流融合的文化基础。国际物流道德规范，是影响不同国家供应商交易的关键性问题，需要建立对道德的共同期望和标准，加强国与国道德政策的沟通，才能谋求长期合作和持续发展。健全国际通用物流标准是实现国际物流融合的制度基础。国际物流大融合需要一套公认的行为规范，以使国际物流能够形成通用的行业语言，保证全球物流行业网络的顺畅运营。

总而言之，用系统的思想考察物流，才能正确认识物流；用系统的思想指导物流建设，才能真正从根本上提高物流效益；用系统的思想指导物流作业，才能真正实现物流优质高效运行；用系统的思想指导物流建设发展，才能真正促进物流事业兴旺发达。

卷 三

物流哲学篇

天下之大，包容万物，万物皆有道。道者，万事万物之通理也。物流之道在于解决供需双方物资的供需矛盾，具体讲就是解决物资的数、质、时、空矛盾。长期的物流实践，产生并孕育着哲学思想，包含着对物资各类矛盾的妥善解决。而且，物流具有博大的理论胸怀，唯物辩证法可以在此生根发芽，中国古典哲学的理论成果亦可在此熠熠生辉，古今中外人类历史长河中的哲学智慧均可在物流领域一展身手。

一

　　物流领域到处弥漫着哲学现象。物流乃实物之流动，物资静于储而动于运，储运相连，形成物流。物流讲求运作有度，恰如其分，和谐共荣。物资动与静的矛盾冲突，供需双方的时空差异，仓库与物流中心的功能差别，物流事故苗头的发展演进，物流成本与效益的关系，价位与流向的关系等等，无不闪烁着哲学之灵光。物资持有方与需求用户之间的供需矛盾，物流企业管理者与员工之间的心理差异，以及物流作业与客观环境的冲突等等，无不隐含着深邃的哲学道理。物流横跨自然科学和社会科学两大领域，有其独特的活动范围、独立的活动对象、独特的活动方式，内容博大精深。唯有借助哲学的智慧之光，才能穿透表面现象的迷雾，揭示出物流活动的本质规律。否则，没有哲学思想的指导，则只能陷入就事论事的困境，而无法取得进步与发展。

　　物流哲学是物流基础理论的核心。目前，现代物流理论与实践尚处于初始阶段，亟须夯实物流理论根基，加强物流基础理论研究。物流基础理论的核心是物流哲学，只有从哲学层次上，探索物流规律，才能永葆物流理论长盛不衰，也才能保证物流学科根深叶茂。物流哲学的基点，是认识和解决物流的基本矛盾，即物资的供需矛盾，供需双方物资矛盾主要体现在四个方面：数量差异、质量差异、时间差异以及空间差异。当且仅当数、质、时、空四大矛盾完全解决，才是真正完成物流的本质使命。在物流活动中，违背规律的行为屡见不鲜，削足适履的本末倒置、见利忘义的尔虞我诈、急功近利的浮躁现象、轻率决策的面子工程，等等，无不反映出人们违背物流哲学规律的愚昧之举。

二

物流哲学由物流实践活动反映出来的哲理和哲学原理在物流领域中的应用成果两大部分组成。在物流实践活动中，始终围绕着解决物资持有方与物资需求方之间的供需矛盾，需求和价位决定着物资的流向，供应能力和需求决定着物资的流量，供需平衡矛盾终止必然导致物流的停止。哲学原理的应用，能够通过方法论加深对物流的认识，透过物流表象看物流本质，透过剖析物流现象考察物流活动的一般规律。

物流哲学是方法论在物流领域的应用，拥有五大功能。一是揭示关系，即透过哲学分析，寻找物流诸元之间的关系。诸如主从关系、隶属关系、并列关系、因果关系等。二是寻求适度，即通过哲学思考，找准物流活动之平衡点，维持平衡，追求适度乃物流运作之要则。不平则鸣，过犹不及。三是判断矛盾，化解矛盾，以求发展。运用哲学思维分清矛盾，解决矛盾，乃物流进步之要途。四是追求和谐，即通过哲学思考，找准规律，配置诸元，以求和谐快乐。五是指导发展，即通过哲学分析，捕捉物流发展动力，克服物流发展阻力，端正物流发展方向，引导物流滚滚向前。

物流哲学现象俯拾皆是，诸如硬软、点线、背反、技术与战术、成本与效益等等，无不闪耀着哲理之光。

硬软辩证关系。物流在发展硬件之同时，要同步发展相应之软件。否则，即便硬件设备再先进，没有配套软件作支撑，照样完不成物流任务。同理，软件再先进，若没有相匹配的硬件也一样难以达成物流目标。

点线辩证关系。物流网络之中，既有大大小小、规模各异的物流中心，又有上下贯通、关联左右之运货通道，既有点，又有线，点线结合才成其网络，何处布点，何处连线，何时布点，何时连线，辟多少点，开几条线……如此繁多的问题，均反映着物流点线关系。点线关系处理好，则既省资源又高效运行；点线关系处理差，则既劳民伤财又难以达成物流目标。

背反辩证关系。当投入一定的经费用于改善物流作业环境时，诚然会因为服务质量的提升而带来客户的增加和收益的增大，但同时加大了物流成本。高明的物流管理者，总是辩证地判断这类背反现象，权衡利弊，择机决策。利弊往往共生于同一物流事件中，断不可盲目决断，而要审慎分析，同时将配套措施跟上，尽量做到扬长避短，谋求效益最大化。

战术与技术辩证关系。技术为战术服务，战术以技术为依托，先进的技术必须在先进的战术思想指导下才能凸显价值、发挥作用。两者相互依存，互促共进。物流系统工作尤为如此，卓越的物流技术优势赋予了物流战术丰富的技术内涵，从而使战术与技术高度融合。物流系统运作过程作为战术与技术的结合体，其绩效指标不仅反映在物流技术的物理属性及变化上，更重要的是直接地体现在物流战术要求上。因此，物流系统提升保障能力和服务水平，固然要重视物流技术发展，但更要注重发展先进的战术思想，既要突出战术思想的重要指导意义，又要强调物流技术的重要支撑作用，努力实现二者融合发展。

成本与效益辩证关系。物流讲求效益，以优质服务赢得客户满意，获取最大经济效益。物资流动在于价位之差，物资流动实质上也是经济流动。物畅其流，价畅其流，降成本以获益。物流成本与效益相辅相成，从本质上反映了经济学原理。

全面、系统、联系、发展地分析物流事件，才能得出正确结论。观察物流现象，分析物流事件，揭示物流规律，通常有四法可循。一是观流态，即观测物流动静状态之度；二是考流向，即判断物流利害方向之规；三是度流量，即论究物流大小数量之别；四是察流道，即探测物流成败之律。微观如此，宏观亦然。大至跨国物流，小至一个企业，无不具备一定的规律性。纵横交错之铁路公路，状如蛛网之江河水道，时刻流淌着各类物资，购物于街，卖货于市，藏粮于仓，时时围绕着企业之兴衰而运作物流。正是这些大大小小之流，使事物至大至小皆止于零，而零既是万物生之起点，亦是万物亡之终点。小而大，大而小；分而合，合而分；动而静，静而动；生而死，死而生……如此循环往复，无穷尽也。无不殊途而同归地描述着物流的循环轨迹，揭示着世界万事万物的兴亡之道。

对物流事件的认识，对物流实业的振兴，都离不开物流哲理。凡物流运作成功者，必坚持实事求是，着眼需求，量力而行，断不可一哄而起，只求轰动，不计效果。物流讲求有序，搞好顶层设计，综合分析，审慎论证，以保决策无误。物流系统建设要确定未来发展，站立于行业潮头，眼观六路、耳听八方，测风云之变幻，度季节之轮回，谋发展之道路，定前进之方向。物流系统建设更要系统优化，物流诸元，需择优而组。优者，适宜也。构建物流系统，断不可一味追求高新尖精，而忽视其匹配性。结构合理，功能互补，方为上策。物流系统建设定要把握需求。物流需求随时代变化而发展。人类跨入信息时代，对物流需求更加苛刻，各类用户的个性化需求尤其应当注意满足。物流活动不仅体现在把货物送到手里，而且集中反映在用户满意度上。刻在用户脸上的微笑，是对物流业者的最高奖赏。精确保障，服务至上，乃是现代物流人的最高信条。配送乃是物流需求的产物，配送之关键在于配，按需求而配，按合理利用资源而配，为赢得更大利益而配。不识需求而经营物流，其结果必然以失败告终。依需定量，按需而动是物流之精道也。

任何物流事件都时刻处于变化之中，且符合由量变到质变的规律。火车和飞机的提速，加速了物流时间的升值，推动了物流时空的转换；储存于仓库中的物资，外观上看似静止不动的，实质上也在不断发生着变化，金属制品的生锈，木制物品的腐烂，各类食品的变质，物资质量由新品、堪用品至报废品，都深刻地反映着这种变化轨迹。物流工作者要十分关注量变到质变的发展动态，把握事件变化的关键节点，采取各种有效措施做好积极应对。

物流之道博大精深，物流科研却起步较晚，故而必须遵循正确思维路线，由浅入深、由表及里地展开研究。第一步谓之发现现象。物流百态，五光十色，只需留神，随处可见。视而不见，听而不闻，实则科盲也。第二步谓之表述现象。将所闻所见之物流现象，如实记录下来，表述其时间、地点、环境及过程等。第三步谓之提炼概念。将物流事件剥茧抽丝，去伪存真，表达其内涵与外延。表述概念方法甚多，诸如目的表达法、要素表达法、结构表达法、枚举法等等，不一而足。准确提炼物流概念，颇见功力。第四步谓之捕捉特点。将研究对象与参照物相比较，于差异之中探求其个性特征。参照物必备三个条件：一是应与研究对象处于相同或相近层次中；二是与研究对象处于相同或相近专业门类中；三是具有相对稳定性。反复对比，特点自现。第五步谓之剖析结构。查找出事物的构成要素，并将其诸要素之间的关系逐一揭示出来。第六步谓之研究功能。结构决定功能，查结构以定功能。功能分内外，宜细察之。第七步谓之权衡利弊。依据功能分析结果，判断该事物发展趋向，并权衡其利弊得失。第八步谓之谋划对策。针对上述研究结论，分别谋划应对之策。趋利避害，扬长避短，以振兴物流。

研发物流前沿理论，通常沿四大途径而行。一是于学术热点中寻求新发现；二是于学术冷点中寻求新见解；三是于学术难点中寻求新突破；四是于相邻学科中寻求新的杂交点。四路进军，必获大胜也。

物流实践是检验物流理论正确与否的唯一标准。物流经由盲目实践、科学指导发展之后，现已向成熟阶段迈进。物流理论源于实践而又高于实践，植根于实践又指导着实践。谋求物流理论的发展必须坚持创新，而创新活动又必须深深扎根于物流实践中，传统的物流实践模式定型之后，往往不易于接受新的改革措施，往往会对创新改革产生一种反抗力。这是作用力与反作用力关系，在物流事件中生动再现。物流业发展壮大的过程，实际上是这种作用力与反作用力较量的过程。物流理论只有不断地通过物流实践检验，才能使物流人始终保持昂扬的斗志和热情，使物流事业扎扎实实地排除阻力，唯其如此，才能保证物流改革创新顺利展开，也方能稳步推进现代物流业蓬勃发展。

研究物流历史、现状和未来，皆应坚持两分法，既要观察优长，又要考量其短板，既肯定成绩，又找准缺点。物流实践源远流长，物流历程，三段论之。第一阶段人力物流，规模较小，条件简陋，人力作业，效率低下。盲目实践，乏善可陈。第二阶段机械物流，规模偏大，设备精良，机械作业，效率高升。科学管理，状态甚佳。第三阶段信息物流。规模宏大，环境优美，信息化作业，高效率运行。精准物流，无缝链接，物畅其流，四通八达。任何事物总是经历着由小至大、由弱至强的发展过程，物流亦不例外。物流事业的发展，必须立足现实，瞄准未来，放眼全局，坚持特色，唯有方向正确、目标明确、重点突出、举措有力，才能推动现代物流事业阔步前进。

物流是动静结合的艺术，是调节时空的艺术。其本质艺术特征有五点：一为秩序性。物流诸元错落有致，前后有序，依规而行，循序而动，创造着感人之艺术魅力。二为连续性。物流诸元无缝链接，连绵不断，起伏仰止，滚滚而动。三为系统性。物流系统贯通一体，整体优化，时时展示其系统美。四为方向性。正向物流造福于人类，而逆流而动者则为人类所不齿也。五为快乐性。物流张弛有度、动静有节，给人以欢娱也。物流之动以破解空间矛盾，物流之静以破解时间矛盾。物流之所以兴仓储，皆因用户需求时间不断变化，春储以备夏，夏储以备冬，有备而无患其缺货也。再则，价格低时采纳入仓，待价格高时放仓发物，此一收一放，利在其中也。仓储之功，一曰配置资源，二曰平抑物价，三曰延续生产，四曰壮我军威，故而治国安邦者，无不重视发展仓储事业。物流之所以修通道，皆因供需双方空间阻隔也。铁、水、公、空、管，五大运输手段并举，何愁货不到户？然而，何时物静于仓，何时物动于运，静物几何，动物几何……如此诸多问题，皆需审时度势，巧妙处置。动静关系处理得心应手，乃物流之妙境也。

三

物流领域诸多关系，纵横交错，盘根错节。要正确处理物流领域的诸多关系，搞好结合。注重理论与实践相结合，在实践中验证理论；注重学术与技术相结合，在先进学术指导下运用技术；注重军队与地方相结合，在军地物流联合中谋发展；注重本国与外国相结合，在取长补短中求进步；注重定性与定量相结合，在相得益彰中找突破；注重继承与发展相结合，在继承基础上求创新；注重静态与动态相结合，在静态中寻找动态趋势；注重个体与群体相结合，在个体典型中找群体规律；注重归纳与演绎相结合，在演绎中寻求提炼精华；注重时间与空间相结合，在时空转换中找规律。只有处理得当，用法适度，协调有力，才能化被动为主动，促进物流事业发展。

正奇思想代表着物流事业发展的基本谋略。正奇思想如孙子兵法所言，"以正合、以奇胜"。正合是用正兵当敌，用常法布局，这是一般规律。用奇法胜敌，强调"巧能成事"，用巧劲而不是使蛮力，要求事半功倍，四两拨千斤，尚柔、尚智、尚谋。物流事业的建设发展应以"正"为根本，用物流基础理论、物流文化以及扎实的物流建设等筑牢物流事业的基础，要诚信为基，服务为魂，匡正浮躁的物流行为，修补缺失的物流道德底线，规范物流管理模式，振奋其低迷的物流状态，改进其粗糙的物流技术，使物流事业立于不败之地。在"正"的基础上，用奇来"巧能成事"，"尚柔"发展柔性化的服务，注重用户的个性化需求；"尚智"发展智能化的物流系统，通过物联网技术的广泛应用，实现智能化自动化的物流系统运作；"尚谋"统筹谋划物流发展，形成独特的核心竞争能力，以奇破难，出奇制胜，推动物流事业的不断创新发展。

物流哲学博大精深，非下苦功夫钻研而不可得。弘扬物流哲学，不外乎以下诸条：一是深入到火热的物流实践之中，发现并总结物流哲学规律，既潜入系统内部考量其结构，又跳出系统之外观察其趋势，内外结合，纵横合围，探究物流哲学真谛；二是充分借鉴吸纳已有的哲学成果，自觉运用到物流领域解决物流问题。诸如运用中医辨证施治思想，解决物流疑难杂症；运用兵法中哲学理论，破解作战物流难题等等，贵在坚持，贵在自觉。三是留意身边发生的事情，观万物思物流，感万象念物流，万事万物之理皆相通，而哲学思想便是沟通的桥梁和纽带。只有在纷繁的事件中不断探求通往物流殿堂的哲理，才能不断丰富发展物流哲学之宝库。

卷 四

物流文化篇

物流文化是物流成长壮大持续发展的基础。如果将物流比作大树，那么物流文化则是树木赖以生存的土壤和肥料。只有肥沃的土壤，才能长出健壮的参天大树。只有不断地加强物流文化建设，才能保证物流大树枝繁叶茂，健康成长。贫瘠的文化土壤只能带来物流的枯萎和凋零。由此可见，下大力加强物流文化建设，是促进物流事业健康持续发展的根本大计和基础工程。高明的物流管理者，总是高度重视物流文化建设。

没有文化的物流是愚昧的物流，而愚昧落后的物流是无法完成物流任务的。

一

物流文化作为物流学科的基础理论，具有夯实根基、维系生机活力、推动物流业持续发展的理论价值。建设并弘扬物流文化，是建设和发展现代物流业的基础工程，物流文化着眼于解决物流精神、价值、理论等关系物流生存发展的根本问题，塑造和培育物流群体的世界观、人生观和价值观，对于巩固物流阵地，培育物流人才，推动现代物流事业的成长进步发挥着无可估量的支撑作用。物流文化是对物流深层次理念的创新，系统优化、技术集成、信息制胜、天人合一、服务至上等先进物流理念的创新与应用，无疑能够最大限度地开发物流动力，促使物流始终保持着旺盛的青春和蓬勃的发展后劲。物流文化的开放性和融合性，有助于经济利益的链接，整合供应商、生产商、经销商等一系列企业，实现多种社会资源综合的开发利用；有助于加强政府与企业、地方与军队、国内与国外的物流文化交流与合作，构建多层次的社会物流渠道，获得更多的物流资源，为物流事业的创新与发展注入新的生机活力，进而推动物流事业的持续高效发展。

物流文化具有解决物流实践中诸多问题的现实意义。考察物流领域存在的诸多现实问题，诸如物流行为轻率浮躁、盲目炒作、追风逐浪，导致物流投资热情过分高涨，重复建设加大，从而造成巨大的浪费；缺乏严格的市场规范以及唯利是图观念作祟，导致无序竞争和诚信缺失；管理体制的条块分割和各自为政，导致物流管理粗放落后，物流作业效率低下；等等。这些问题的根源都与物流文化有着千丝万缕的联系，要从根本上解决它，要抓根治就必须从源于物流实践的物流文化入手，通过物流文化匡正浮躁的物流行为，修补缺失的物流道德底线，规范粗放的物流管理模式，振奋低迷的物流状态，改进粗糙的物流技术，以振兴物流事业的发展。

二

物流文化是物流行业在长期实践中积累沉淀下来的物质和精神产品，是物流业的宝贵财富，务必珍而惜之，光而大之。物流文化是社会文化的有机组成部分，是物流行业长期积累沉淀的物质财富和精神产品。人类为了满足生活和生产的需要，实现物资有序而可控地流动，一直在进行着大量的创造性实践和探索。人类历史的车轮，并没有辗碎物流文化的轨迹，而是满载着丰硕的文化成果送入人们的记忆中。如，大禹治水的奇迹，李冰父子修建都江堰的工程，横跨欧亚的丝绸之路，郑和七下西洋发展海外贸易，詹天佑修建京张铁路以及冯如制造飞机发展航空业，构筑了人类社会一道道亮丽的物流文化风景线至今还为人们津津乐道。正是人类这种改造自然和社会所进行的大量物流实践活动，才孕育和滋养了物流文化，为物流行业的人们普遍认同，对物流活动产生着积极而深远地影响。

物流文化如甘雨，滋润物流万物，奠基固本，具有强大的功能作用。首先，物流文化具有引领导向功能。物流文化具有明显的发展指向性。通过确立物流发展目标，引领和带动物流事业的发展；通过社会或者行业内的健康舆论，可以有意识地监督和纠正物流系统运作的偏颇和隐患；通过物流企业先进事例的示范，可以带动其他物流企业，推进整个物流行业的进步。其次，物流文化具有凝聚人心的功能。人气旺则物流兴，物流文化凝聚人心。创立物流学科以及按物流功能设立仓储专业、运输专业、配送专业等，可以建立专业乃至强化行业的归属感；制定物流系统的技术标准、管理标准、信息标准以及建立与国际接轨的标准化体系，可以获得物流行业的认同感；树立共同的物流价值观和理想目标，发扬团队精神，可以使物流员工形成向心的凝聚力。再次，物流文化具有激励壮志的功能。物流员工之间或物流企业之间建立深厚感情，可以融洽物流团队内部的关系；尊重物流员工，可以充分调动其积极性和主动性；严密的绩效评估，可以提高物流员工的工作能力；物流管理者的表率作用，可以激励员工的工作干劲。最后，物流文化具有净化融通的功能。物流文化可以净化人文环境，促进整个物流系统的融合通达。"严"字当头的精神，优秀恒定驾驶行为的理念，公平、公正、公开的阳光采购思想等，可以规范物流行为，营造"树正气、却歪风、讲诚信"的职业氛围。服务文化、节约文化、质量监督文化、亲情文化、绿色文化等，可以融洽物流团队内部的关系，缓解物流各系统之间、各环节之间的矛盾，实现物流与自然环境的和谐，充分发挥物流系统的保障效能。

物流文化的本质是快乐物流。物流是诗，是时代之抒情诗，吟唱着人类生活的乐章；物流是画，是时代之风情画，描绘着人类社会的美妙图景。物流创造快乐，快乐滋养物流。物流本身蕴含着快乐，物流诸元均散发着快乐之气息。快乐物流是一种昂扬的文化，是一种青春的活力，是蓬勃升腾之旭日，是五彩绚丽之朝霞。物流融动静于一体，时而静如穆山，时而动若大潮，一路欢歌，奔腾不息；物流穿山越岭，跨河越川，一路辛劳，不知疲倦，抒壮志于天南海北，展豪情于北国江南，编织着一幅幅动人的美景，记载着一部部感人的华章；物流给人以美感，给人以力量。物流创造优美的环境，迎朝阳送货于大街小巷，披晚霞穿梭于城郊村乡；风餐露宿送服务，披星戴月赶货场。物流人欢欣跳跃，用户则更加心情舒畅。物流讲究内容和谐有序，讲究循规遵章；车流有道，船行有航，诸元一体，劳逸有度，相互促进，协调发展，无缝链接，滚滚向前，活脱脱俨然一个快乐家庭。物流讲求效益，以优质服务赢得客户满意，获取最大经济效益。物之流，价之动也。物流者，经济流也。物畅其流，价畅其流，降成本以获益。快乐物流蕴含着物流的美学、心理学、管理学和经济学的依据，物流活动跳跃着快乐的音符，闪耀着智慧的光芒，流淌着丰富的感情，揭示着物流文化的本质属性。

物流文化是一种行业文化，既有普通文化之品格，又独具物流特色。物流行业不同于从事资源领域和人力领域所进行开发利润的行业，作为"第三利润源"它开辟了人们对时间价值、场所价值以及流通加工附加价值的认识，这些都是物流行业的人们经过长期实践所积累的智慧结晶。因此，物流文化无不打上深深的行业烙印，闪耀着物流行业特色的光芒。

中国物流文化源远流长，折射着勤劳的物流实践者的智慧之光。诸葛亮发明的木牛流马，是最早应用于军事的物流工具；都江堰水利工程，反映了宜疏不宜堵的物流思想；草船借箭、官渡之战都是古代战争中的物流典例；古丝绸之路、京杭大运河等，都凝聚着物流人的聪明才智；南水北调、西气东输更是宏大的物流工程；成吉思汗的羊群物流以及汶川地震的背篓物流都集中代表了物流人的智慧。在中国革命战争画卷里，也有精彩的物流文化，伟大领袖毛主席以诗人的情怀，书写了军事物流战略篇章：

一是开辟物流基地（根据地），实现有物可流；二是领导军民自力更生，开展大生产运动，从源头上巩固物流；三是取之于敌，壮我军威；四是调动敌人，让蒋介石充当运输大队长。

物流文化作为人类文化的组成部分，具有普通文化的品格，民族文化的特色。中国特色的物流文化是在继承传统文化的基础上逐步形成的，有着深厚的中国传统文化作基础。"天时地利人和"的传统文化思想，逐渐演化为现代系统物流理念；"己所不欲，勿施于人"的友善思想，逐步演化为现代协作物流理念；"仁义礼智信"的诚信思想，逐渐演化为现代诚信物流理念；"过犹不及"的适度思想，逐渐演化为现代科技物流理念；"天人合一"的和谐思想，逐渐演化为现代绿色物流理念。中国特色的物流文化有着强大的政治文化作依托。政治文化是中国社会的主导文化，不仅推动着物质文明建设和精神文明建设，同样也影响着物流文化的成长和进步。邓小平建设有中国特色的社会主义理论，给物流文化赋予了经济效益为主导的理念；"三个代表"重要思想，加快了中国物流文化的多元化发展；"科学发展观"给物流文化增添了"以人为本""全面协调可持续发展"的思想。中国特色的物流文化有着浓厚的情感文化和关系文化作沉淀。中国儒家的仁学，强调协调人与人之间的关系，中国物流文化同样注重人与人之间、企业与企业之间、企业与客户之间的交往，深深地打上了情感与关系文化的烙印，使中国特色的物流文化披上了浓重的传统文化色彩。

物流文化建设必须博采众长、彰显特色，诚信为基、服务为魂，以人为本、和谐快乐。博采众长、彰显特色，是广泛汲取和吸纳各家之长，加以融会贯通，形成既反映物流文化建设发展方向，又能够体现社会经济文化特色的精神财富。通过吸纳先进的科学技术和文化理念，不断地丰富和完善物流文化体系，以保持物流文化的先进性；通过系统地挖掘传统文化的精髓，加强与物流文化的融合，形成既符合民族特点，又能推动现代物流事业发展的独具特色的物流文化。诚信为基、服务为魂，是以诚实守信为基础，把优质高效地满足用户之需作为物流的灵魂，依靠团结协作，实现合作共赢。诚信是衡量物流企业的一项根本标准，也是物流人必须把控的道德底线，只有坚持诚信才能保持物流各个环节的稳定运作，建立企业之间的战略联盟，提高物流企业的核心竞争力。服务是物流的根本目标，物流不创造商品的形质效用，而是为用户提供更好的服务，产生空间和时间的效用，所以"全心全意地为人民服务"是物流系统运作的灵魂。以人为本、和谐快乐，是通过科学管理调动物流员工积极性和劳动热情，齐心协力，团结合作，实现人与社会、自然的和谐发展。经营物流的是人，实现物流的是人，物流服务对象也是人，所以必须要从满足人的需求和实现人的价值为根本。和谐快乐是物流过程的生动体现和高境界追求，既强调在物流企业或联盟之间的竞争中，实现双方和谐共赢，达成集体快乐，又注重实现人与自然之间和谐统一所带来的一种"天乐"。

物流文化内涵丰富，博大精深，无缝链接的供应链文化，以人为本的物流管理文化，诚信和谐的物流行为文化，用户至上的物流服务文化，绿色健康的物流环境文化，共同构成物流文化的主要内容。

供应链文化的目标是无缝链接。供应链文化是供应链上的各物流保障单元、上游企业以及用户在供应链长期实践中，形成共识的价值观念、团体意识、行为规范和思维模式的总和。供应链文化的基础是利益共享，根本目标是无缝链接。在供应链上，各成员之间都需要利益做支撑，只有实现信息、物质等方面利益的公正共享，才能使供应链各成员有效协作，最终实现整个供应链的无缝链接。加强以无缝链接为核心的供应链文化建设，一要树立合作共赢理念。打破条块分割、相互独立的供应格局，主动适应合作潮流，通过各自核心竞争力的发挥，共同将供应链做大做强。二要强化合作共生意识。现代竞争已经发展成为供应链与供应链之间的竞争，每条供应链上各成员之间是一种共生关系，彼此利益相关、荣辱共存。因此各成员要加强沟通、相互支持，维护整体保障效益兼顾自身生存利益，建立持久可靠的战略合作伙伴关系。三要培育整体优化思想。供应链追求的是从供应源点到用户消费的物流、信息流、资金流的整体优化，各成员要从供应链的大系统入手，实现多项功能的整合，提高整个供应链的竞争力。四要培养风险共担观念。倡导将各成员的风险与供应链整体的风险紧密联系在一起，逐步实现风险共担，进而增强供应链的整体凝聚力。五要培育逐级服务的思想，上游为下游提供优质服务，下游关心上游的物流状态，形成稳定而优良的服务链条。

物流管理文化的核心是以人为本。物流管理文化是物流管理工作的重要遵循，是培养高素质物流管理人才的重要抓手，充分发挥物流保障人员的积极性和自主性，积极参与物流系统的优化改造是物流管理的根本目的。以人为本的物流管理，无不闪现着物流管理人员的智慧，无不充满了物流人员的创新，使物流实践成为所有人员自我能力、自我价值展现的舞台。加强以人为本的物流管理文化，要以先进的核心价值观激发内在动力，围绕物流系统建设的基本原则和根本要求，创新教育引导方式，细化物流各专业人员的具体能力标准，深化思想认识，促进物流人能力潜质的培养和发挥。要以文化认同来统一能力诉求，没有文化认同，物流人就没有归属感。只有继承老一代物流人的集体主义精神，不畏艰险、百折不挠、吃苦耐劳的乐观主义精神和创新精神，才能不断增强新一代物流人加强物流系统建设的心理认同，进而转化为精神动力和智力支持。要努力营造展现人性的物流管理环境，积极培育物流组织文化，塑造共同的价值观，协调组织内部各利益群体的关系，形成能够展现物流人个性的管理环境，充分激发广大物流群体的凝聚力和创造力。

物流行为文化的价值取向在于诚信和谐。物流行为文化是由物流保障实体的价值取向、行为方式和行为环境等构成的活动文化。价值取向是行为文化的核心，行为方式是物流保障实体的具体表现，行为环境则是行为文化生长的土壤，三者相互制约，形成完美结合。诚信和谐是中华民族的传统美德，也是市场经济建设的必然要求。市场经济是一种信用经济，在物流运作过程中，制造商、供应商、第三方物流企业等每一个物流环节能否保持较高的相互信任，能否较为自觉地恪守信用责任，直接决定着市场经济能否顺利运作和持续繁荣。和谐强调充分尊重每个物流成员自主选择的权利，努力形成追求自身利益、各得其所的局面。物流市场的健康发展，需要物流多元化基础上的和谐，物流系统开放和流动中的和谐，公平竞争中的和谐。加强诚信和谐的物流行为文化，要加大宣传教育力度，培育契约精神、诚实守信的价值观念；要倡导和谐理念，加快行为规范的建立，利用法律的国家强制性和普遍约束力的特点，鼓励诚实守信、合法经营的行为；要加强行为方式的监督，形成政府监管、社会监督和成员自律三位一体的网络监管系统，以保证各成员的保障行为与整个物流系统的整体行为相统一。

物流服务文化的根本是用户至上。物流服务文化是物流系统为了满足用户的物资需求，为全体成员自觉遵循的有关服务方面的共同意识、价值观念、职业道德、行为规范和准则的总和。物流服务无论是在服务的能力上，还是在服务的质量上都以用户为中心，通过与用户的沟通、交流，依据用户的要求来调整、管理物流系统，并对其绩效进行评价。加强物流服务文化建设，一是转变服务观念。以市场为导向，以用户需求为根本，无论是物资的采购还是供应都要按照用户的要求提高服务水平。市场导向型的物流服务应根据市场需求和信息有针对性制定，以更加贴近用户的需求，更好地为用户服务。二是创新服务方式。认真审视服务理念、服务态度、服务措施、服务技能，将服务行为和服务理念转化为广大物流人的精神动力和自觉行为，转变服务方式，变被动服务为主动服务，增强服务的前瞻性和预见性，大力倡导柔性服务，满足用户个性化服务的要求，不断提高服务质量。三是改进服务作风。不断提高物流人的专业技能，注重细节服务和全面服务，把服务贯穿于物资筹措、仓储、运输、装卸搬运、组套包装、配送以及信息服务的全过程，疏堵结合，精益求精。

绿色健康是物流的环境文化。环境文化是物流系统在明确自身社会责任的基础上，以环境保护为前提，以与环境共生共荣为目标，自觉、主动地建立生态环境策略与规范，致力于物流生态文明建设以及物流可持续发展的文化形态。物流环境文化要求物流系统在进行物流运作和服务过程中，关注生态环境影响、社会生态效益，培养环境意识和环保法制观念，在保护环境中促进物流发展，实现经济、社会、环境的协调发展。物流环境文化的核心是绿色健康，即保护环境、节约资源、实现可持续发展。绿色健康文化包括：绿色精神、绿色价值标准、绿色经营理念、绿色规章制度、绿色文化生活等。倡导绿色健康的环境文化，营造环境文化的良好氛围，要树立环境文化观念，围绕绿色环保和可持续发展的环境文化理念展开，坚决摒弃"环保不经济，绿色要花费"的思想。在物流的规划和改造中，制定"绿色计划"，实施"绿色工程"，培育"绿色消费""绿色产品"和珍爱人类生存环境的意识，使"环保、生态、绿色"的理念深入人心。要加强环境文化的教育引导，教育物流企业和人员树立遵章守纪、节约资源、爱护环境、爱护人类、爱护家园、爱护自己的环境文化理念，培养和提高保护环境的自觉性。要开展各种形式的环境文化宣传。充分利用环保宣传标语、环保宣传橱窗（或板报）、环保类报刊、环保法律法规书籍、环保主题活动普及环境保护知识，大力宣传环境保护和建设成果，感染、激励和引导广大物流人员，精心打造一个天人合一、绿色健康的物流环境。

三

继承与创新是发展物流文化的两把锐利武器。物流文化是物流行业经过长期创造性的实践活动所凝结的物质和精神产品，是在不断地继承与创新过程中发展和凝结而成的。继承物流先辈们留下来的宝贵财富，物流文化才得以真正传承。中国特色的物流文化就是在大量的物流实践活动中，不断孕育和滋养，不断传承和发展而形成的。物流行业开辟的对时间价值、场所价值以及流通加工附加价值的认识，无不打上深深的行业烙印，闪耀着物流行业特色的光芒。物流卓越人物发起和倡导的典范案例以及归纳总结的理论成果，为物流行业的人们普遍认同，更成为在行业内外拥有很高的知名度和影响力的文化成果。物流文化的发展还在于创新，要敢于创新，勇于创新。其主要途径：一是以丰富物流内涵为主的补白创新；二是以净化物流环境为主的纠偏创新；三是以改进物流方法为主的发展创新；四是以开发物流领域为主的复合创新。只有实现深层次的思想观念创新，如系统优化理念、技术集成理念、信息制胜理念、天人合一理念以及服务至上理念等，才能最大限度地开发物流动力，逐步构建完善的物流理论体系，推动物流事业的持续高效发展。任何忽视物流文化建设的思想，以为物流文化不重要或者可有可无的观点，都是十分错误的。

开发物流无形资产是物流文化发展建设的重要途径。随着知识经济时代的到来，物流无形资产在社会经济生活中的地位日益重要。相对于有形资产而言，无形资产的开发利用有其独特之处。第一，资源无形，易被忽视。由于没有实物形态，特别是在企业发展的初期，很容易被人们所忽视。第二，资源无穷，源源不断。典型的物流无形资产如库歌厂史、专利、专有技术、经营许可权以及商标等，可以在一定期限内反复使用，蕴藏着无穷的资源存量。第三，开发成本低，产出效益高。在激烈的市场竞争中，物流无形资产已经成为物流企业第一位的生产要素。第四，一旦固化，经久不衰。物流无形资产一旦形成并融入物流企业运作过程，必然会产生和积累价值，释放出巨大的经济潜能。而且取之不尽，用之不竭。无形资产的关键在于物流关系资源，它关联其他无形资源，是物流文化实现统筹发展的重要抓手。具体应强化四键：目标键是建立紧密关系的思想基础，能够产生强大的驱动力；利益键是稳固关系的重要物质基础，能够产生强大的凝聚力；感情键是维系关系的情感基础，能够产生强大的黏合力；心理键是滋养关系的软环境基础，能够产生强大的感召力。只有不断地强化四键，开发物流无形资产，才能促使物流文化发展壮大，更加丰富多彩。

坚持百花齐放，多渠道多形式的打造物流文化，是物流文化建设的必由之路。"百花齐放、百家争鸣"是人类文化得以繁荣发展的基本方针。随着物流事业的兴盛，物流文化正处于一个良好的开发和机遇期。需要认真践行"百花齐放、百家争鸣"，努力营造健康的物流文化发展环境。通过开办物流学术论坛和应急物流论坛，开发交流中外物流文化、区域物流文化；通过创编物流文化史，丰富和弘扬物流文化；通过创办物流文艺晚会，创编物流电影作品、歌曲、舞蹈，活跃物流文化；通过开发仓库文化、运输文化、航空文化以及采购文化等，从物流系统的各个层面，采取多种多样的形式，合力打造和丰富物流文化。物流文化繁荣之时，必是物流振兴之日。

卷 五

物流军事篇

兵马未动，粮草先行。千年古训，诠释了一条颠扑不破的真理，那就是任何军事行动都离不开军事物流强有力的支持保障。现代战争的高强度和突发性特点，更加凸显了现代军事物流的战略地位。军事物流是国家安全体系的重要力量，肩负着为国防和军队建设、战争及一切军事行动提供物资保障的特殊使命。军事物流的建设与发展，关乎国家的稳定与安全，关乎国计民生，因而备受关注。

一

军事物流对国防建设和军事斗争具有支持保障作用。建设强大的国防是每一个国家都必须十分重视的战略任务。而国防建设的每一个步骤、每一个环节、每一项工程都需要耗费大量的人力、物力及财力。其中，物资的消耗与补充，则直接关乎国防建设成败。一个国家要想保持其军事斗争中的主动地位，要想在与敌方的军事较量中夺取胜利，没有充足的物资支援和保障，那是不堪设想的。而准确及时的物资保障靠什么去完成，只有强大的军事物流才能担当此任。战争突起，硝烟滚滚，炮声隆隆，火光四射，如果把战争比作一架轰轰作响的宏大机器，那么，军事物流则是它的油路和电路，源源不断地向机器输送着不竭的动力；倘若将战争比作一个巨人的肢体，那么，军事物流无疑便是那畅游不息的大动脉。断了油路和电路的机器，自然会戛然而停；断了通畅无阻的大动脉，巨人也同样濒临灭亡。可见，无论是古代战争，还是现代战争，交战双方欲夺取主动权，进而赢得战争的胜利，都必须重视军事物流的建设和发展，都应当充分发挥其大动脉的支援保障作用。

军事物流是联结军事与经济的桥梁和纽带。强大的国民经济实力是搞好国防建设和军队建设的基础。而且从一定意义上讲，现代战争双方交战实质上是国家经济实力的较量和比拼。然而，国民经济毕竟并不等同于军事战斗力，经济实力也不可能直接等价于军事实力。两者之间必须架起一座坚固的转换桥梁，才能将国家的经济实力转化为军事实力。而这座桥梁，便是军事物流。

军事物流运用国家拨来的军费，购置各种武器装备、油料、器材以及各种军需品；而这一部分物资通过储存功能，将其储备起来，以备战时或紧急状态下使用；另一部分物资则直接通过配送功能，送抵各部队使用，从而完成全流程的转化任务。军事物流对国民经济这种吸纳转化作用，主要是依靠畅通的信息通道，及时了解部队对物资的需求信息，编制各种经费申请计划，吸纳国民经济；与之同时，通过筹措、储存、包装、运输、配送等功能作用，转化国民经济为军事实力。正是这种吸纳转化功能，将国家的经济化作滚滚物流，充实到各个部队中，形成克敌制胜的战斗力。高明的军事家，总是十分重视军事物流的这种巨大的功能，并将横跨于经济与军事之间的这座金桥打造得坚固可靠。

军事物流是质量建军与科技兴军的推动器。不断提升军队现代化建设的水平，是军队建设恒定的主题。依靠科技进步，改进军队的武器装备，改善军队的工作条件，提高军队的战斗力，有力地促进了军队现代化建设，这是不争的事实。但是，倘若没有强有力的军事物流作保障，科技兴军只能沦为毫无生命力的空壳。莫说是现代化建设的工程项目，项项都需要与之相适应的物流保障作后盾；即使科技新成果的研发与应用，也始终离不开物流的支援与保障啊！而且随着高新技术的推广应用，军队现代化建设的速度加快，对物资保障"数、质、时、空"的要求愈来愈严格，对军事物流整体功能提出了越来越苛刻的挑战。从质量建军方面来看，走精兵之路是我军现代化建设的必由之路。打赢信息化战争，不仅需要高素质的人才队伍，而且要拥有性能优良的武器装备，要有能保证部队实施快速机动的运输装备，要有能够随时探知各类信息的通信装备等。所有这些军事装备的供应，靠的就是现代化物流系统来完成。所以，物流系统的现代化程度越高，越有利于质量建军，越有利于快速实现科技兴军的目标。

军事物流系统的战略地位在未来战争体系对抗中更加彰显。军事物流系统作为整个战争体系的重要组成部分，可以有效地组织物资供应，可以保障任何条件下军队的机动和作战，一直是体系对抗的重点。无论是近现代战争，还是近期的几场局部战争，交战双方越来越重视对方的物流目标，越来越强调打击对方的物流系统，而双方也无不以保卫物流目标作为重点，采取各种手段尽量使之生存下来。这种对军事物流系统的破坏与反破坏，像一条红色的线条串联着整个作战行动、贯穿于战争的始终。不仅战中如此，战前的较量也早已开始。战前准备的重点内容之一便是军事物流建设。其中，物资储备是重中之重。系统筹划军事物资储备，不仅要满足战争物资需要，而且要思考战略威慑作用而加大储备量。试想，如果己方仓库空空如也，不仅自己的官兵会士气低落，而且会让敌方军心大振而蠢蠢欲动；反之，如果后方仓库各类物资堆积成山，不仅会对自己的官兵有莫大的鼓舞作用，而且会直接震慑对方。这种壮我军威、震慑敌胆的功能，将一直延续到战火燃起的时刻。因此，将军事物流置于战略地位，从战略全局谋划军事物流的建设与发展，把军事物流当作一把利剑，尽量做到不战而致敌于败局，不仅可用于刺伤敌人，而且可以鼓我斗志，激我豪情。一言以蔽之，物流的军事功能和军事价值，断不可忽视。

二

战争三流观。在浩瀚的宇宙空间中，到处弥漫着各种各样的流现象。诸如水流、空气流、电流、车流、信息流、文化流等。这些流现象与人类社会息息相关，它们都具有秩序性、群体性、方向性和可控性的特性。用流的观点来考察，现代战争是由人流、物流和信息流三大流所构成。所谓人流，是各级军事指挥员运用军事理论调动部队，完成兵力集结和攻防转换；物流，则是各级后勤指挥员运用现代物流理论和后勤理论，调动军事物资，实现保障有力的目标；信息流则是指挥员与指挥对象之间信息的交互，它起着穿针引线实现人流与物流合拍流动的作用。人流是运用信息流和物流的主体，具有主导作用；物流是人流、信息流赖以生存发展的物质基础。现代战争中交战双方的拼争，实质上是敌我双方指挥员充分运用信息流，使己方人流与物流实现最佳结合，同时运用各种手段破坏敌方人流与物流有效结合的过程，是三大流综合实力的较量。只有人流、物流和信息流达到最佳汇合，才能产生最大的战斗力。胜利之神往往青睐于三大流综合实力强的一方。古往今来，三大流互促共进，协调发展，共同谱写了人类战争发展史。

用战争三流观考察信息化战争，实质上它是物流军事思想的重要组成部分。信息化战争是交战双方战争流体系的对抗，而战争流体系由三大流系统所构成，即人员流系统、物资流系统及信息流系统。三大流系统优化构成，同节奏流动，形成了坚不可摧的战争流体系，形成了综合性的强大的战斗力，才能在信息化战争中赢得胜利。

体系对抗能力在战争的不同阶段，有着不同的表现形态。在战争准备阶段，临战训练兵力集结，聚积着人流能量；物流储存物资，调整布局聚积物流势能；信息流调试，聚积信息流能量。战争爆发初期阶段，物资消耗呈井喷式暴涨，信息流驱动物流滚滚向前与人流汇合，快速形成战斗力。战争相持阶段，交战双方进行攻防转换，均以人流、物流、信息流的场势兴衰为依据，视情形进行转换，持续进行战争流体系对抗与拼争，从而完成各种战役、战斗任务，并最终夺取战争的全面胜利。

物流与战争如影随形般地互促共进。考量军事发展史，实质上是三大流相互促进、协作共荣的发展史。冷兵器时代的战争，人流速度慢，人力物流以应之，信息手段是烽火狼烟；机械化战争，人流速度加快，机械物流以应之，信息手段是电话、电报；信息化战争，人流速度更快，信息化物流以应之，信息手段是计算机网络化。现代战争对军事物流的挑战，集中表现在以下诸条：一是生存与再生能力；二是物流活性；三是物流应急行动能力；四是物流人才的综合能力；五是物流要形成体系；六是军地物流融合发展。

特色彰显着事物的生命力。充满生机与活力的军事物流，应始终保持两大特色，一是军民结合，二是平战结合。军地物流有机结合起来，优势互补，形成合力，按照一体化运作模式，实现军事物流目标。立足平时，瞄准战时，打造平战一体化的军事物流体系。只有坚持两大特色搞建设谋发展，才能保证军事物流旺盛的发展后劲。

物流肩负的本质使命，乃是解决物资之供需矛盾。优质高效地满足用户之需，乃物流孜孜以求之最高目标。物流的军事使命则是优质高效地满足军事用户的物资需求。细察之，供需双方物资矛盾主要体现四点：一是数量差异；二是质量差异；三是时间差异；四是空间差异。当且仅当"数、质、时、空"四大矛盾完全解决，才是物流完成了本质使命。同样，军事物流的本质使命是在数量上、质量上、时间上、空间上完全满足军事行动的需求。

军事需求决定军事物流流量，准确预测军事需求，是正确选择物流方案的基本前提。军队对军事物资的需求量越大，对军事物流系统的拉动力也越大，由此产生的军事物流的流量也随之增大；对军事物资的需求量越小，则军事物流的流量也越小，当需求变为零时，军事物流活动就停止了，军事物流系统也就没有存在的基础和必要了。军事物流方案的实质在于对军事物资数、质、时、空的调控，使供需双方达到一定的平衡，主要体现在如下诸点：一是军事物资的数量性。一定数量的物资储存才能满足需求，过多或偏少的供应均不能很好地实现"满足物资需求"。二是军事物资的质量性。包括物资的品牌、理化特性及外形特征等，质量合格的物资才能"满足物资需求"，否则虽然在数量上满足了要求，但由于质量达不到要求而同样不能发挥作用。三是军事物资的时间性。即需求方提出的时间范围，在何时满足需求。四是物资的空间性。即需要将物资送到什么地方。只有当同时实现上述四条要求时，才算真正达到满足军事用户物资需求的目标。

与地方物流相比较，军事物流具有突出特点。一是物流目标的复合性。地方物流目标就是追求最大化的经济效益，而军事物流是承担军事物资供应保障任务的一种特殊物流，其追求的目标既要讲求经济效益，更要追求军事效益，追求军事经济效益俱佳的复合效益。特别是在战争条件下，一切为了前线的胜利，一切为了战争的最后胜利，要正确处理好物流行为所造成的经济效果与军事效果之间的关系。而断不可像地方物流那样，一味追求经济效益的最大化。保障打赢应成为军事物流的主旋律。二是物流质量的精准性。地方物流固然也要讲究质量，以赢得用户的信赖，但军事物流因其特殊使命，更须强调物流运作的质量，否则会招致巨大损失。军事物流的质量体现在物资数量的准确性上，少了难以满足作战需求，多了则造成极大浪费；体现在军事物资质量的优良性上，只有在供应品类、技术性能完全符合需求时，才能真正发挥作用；体现在物资到达目的地的时间上，要严格按照时限要求送达指定地点，过早了容易遭受敌方的破坏，太晚了则会贻误战机；体现在军事物资送达的地点上，偏离目的地的物流是无效的物流，而无效的物流则不能满足需求。在"数、质、时、空"四维特性上完全满足需求，是军事物流的精准性特色。三是物流管理的军事性。军事物流实行的是军事化管理，军事物流系统各级管理机构完全是按军事化要求建立的，其管理手段也是军事行政手段。物流人员必须遵守军队的规章制度，遵守军队的一切纪律法令，严守军事机密。开展各项物流作业，除了按物流业务规定严格操作外，还必须符合军事管理的要求。而地方物流没有必要也不可能实施军事管理。严守军事纪律，一切行动听指挥，整个物流系统实施统一指挥，统一调度，统一计划。四是物流环境的严酷性。在严酷的战争环境下，处于激烈争夺的战场上的物流，是一种特殊的物流形态。恶劣的战场环境，瞬息万变的战场情况，给军事物流造成了许多难以想象的困难。如何确保战场物流生存下来，如何克服困难按时完成任务，如何实现物流与作战部队行动的紧密配合，等等，都是军事物流特定的环境所带来的难题。五是物流行为的诡秘性。兵者，诡道也。以计谋出奇制胜，乃兵法之要义。军事物流是军事行为，是军事斗争的重要组成部分。除了履行保障军事物资的供应外，还能发挥军事斗争谋略的作用。例如，虽无急需，但仍囤积一定规模的武器装备和其他军需物资，以奏壮我军威、震慑敌胆之效；再如，以假示真，以假装之仓库或物流基地，误导敌人采取破坏活动，从而保护真正仓库的安全；还有物流向东，而示敌于向西，物流规模小而示敌于规模大，真真假假，形形色色，迷惑敌人使其做出错误判断。将军事物流活动视作军事斗争的一个筹码，通过有效的调控并辅之以巧妙的宣传，则不失为对敌斗争的有效手段。军事物流行为的诡秘性是区别于其他物流的一个突出特点。

通而密、快而稳、新而标是军事物流技术的需求特色。一是"通而密"。所谓"通"，是由于军事物流所担负的任务特殊和所处的环境特殊，要求军事物流的运作要全时空畅通。从军事物流活动开始，一直到军事物流活动结束，整个时空都要保持畅通无阻。所谓"密"，就是一定要保证整个军事物流活动的保密安全。"通"与"密"两者是一对矛盾。因为军事物流运作畅通了，四通八达，技术波及面就宽，从而给保密安全带来严峻的考验。因此，要求技术实现必须要满足这种需求，既要保证畅通无阻，又要保证绝对地保密安全。不管是成套的技术产品，还是单一的技术产品，都要确保这两大要求实现统一。二是"快而稳"。所谓"快"，是因为战争和突发事件要求军事物流必须保障快速。如抢险救灾，时间就是生命，早到几分钟，就有可能少牺牲几个人。所谓"稳"，则要求保障供应的稳定性，能够按照保障计划，持续稳定地实现供应，能够始终保证物资的质量可靠。"快"和"稳"也是一对矛盾，军事物流一旦提高速度，难免会出现纰漏，发生事故造成断流，出现物资数质量不符的问题；而过分强调稳定，则必然导致军事物流速度的下降。但是，在客观上军事物流又必须做到快的同时，保证稳当，保证质量可靠。因此，在技术实现上，必须要增强军事物流的活性，实现军事物流活动快捷和稳定的统一。三是"新而标"。所谓"新"，是军事物流需要技术创新，要求采用最先进的技术，实现技术集成以推动军事物流的发展；所谓"标"，是军事物流要标准化，因为军队是一个武装集团，要有统一的号令、统一的标准，作为军队的重要组成部分，军事物流也需要统一化、规范化和标准化。"新"与"标"同样是一对矛盾，标准化是一项通过施加必要的约束而使事物统一化、规范化的工作，它对技术创新具有制约作用。由于事物是不断发展变化的，物流技术必须要实现技术创新，而技术创新就会突破标准。因此，技术实现的关键，是如何在技术创新与标准化之间寻求平衡，寻求统一。

军事物流建设要突出处理好军事效益与经济效益、军事行动与物流活动、军事物流技术与战术的关系。正确看待军事效益与经济效益的关系：军事效益在于衡量军事物流活动能否有效地保障军队建设和作战需要，是确定能否有利于提高部队战斗力的重要尺度；经济效益是要解决军事物流活动中人力、物力、财力资源的有效利用，力求使资源耗费最少。经济效益是发展军事效益的前提和基础，军事效益是保障经济效益实现和提高的重要手段。军事物流是在追求军事效益的前提下，讲求经济效益，讲究军事与经济效益的复合性。正确认识军事行动与物流活动的关系：军事行动起主导作用，是完成军事任务的根本手段，军事行动的需求是进行物流活动的根本动力；物流活动起辅助作用，同时物流活动制约着战斗力的生成，直接影响着军事行动任务的达成。只有军事行动与物流活动紧密配合，合拍流动，才能最大限度地发挥战斗力，保证军事任务的圆满完成。正确处理军事物流技术与战术的关系：军事物流技术是物质基础，是军事物流活动载体，是达成战术目标的"生产力"；战术的不断演进，也将不断催生新的军事物流技术，推动军事物流技术的向前发展。只有在充分考虑军事物流技术基础上，合理筹划战争中的战术内容和目标，才能有可能达成最佳的战术效果。

军事物流运作应充分吸取军事知识营养、兵法及现代军事思想对物流的指导价值。《孙子兵法》是我国兵书宝库中的一部名著，其中蕴含着丰富的军事物流思想意识和萌芽。"不战而屈人之兵"的全胜思想，着眼"整体威慑"，集中体现在从战略全局谋划军事物流的建设与发展，形成强大的威慑力量。"争利需委积"的同步思想，在于军事物流活动与作战行动之间的协调配合，军事物流活动只有与作战行动相同步，才能产生克敌制胜的威力。"兵马未动，粮草先行"的先行思想，从时间和空间上揭示了军事物流活动和作战行动之间的关系。在时间上，要加强军事物流的平时准备，将军事物流纳入国家物流建设之中；在空间上，要加强各类物资的战略预置，以保障作战部队快速生成战斗力；在时空结合上，要加强主动配送，满足部队个性化的需求，实现物流配送的精确高效。"兵贵胜而不贵久"的速率思想，军事物流作为战争进程的重要支撑，战争要求速战速决，必然对军事物流提出了"速率"的要求。"取用于国，因粮于敌"的筹措思想，根据作战物资的通用和专用性质，提出了不同的军事物流筹措方法，关键在于广泛取给，前后方一体，军民一体。"携手若使一人"的系统思想，强调军事物流的一体性，像人体一样，由大脑来指挥，由手脚相互配合，以完成军事物流保障任务。军事物流是现代物流理论与实践在军事领域的应用，要善于汲取、挖掘和融合军事思想，尤其是军事哲学和辩证法，以丰富和完善军事物流理论。

物流战略谋划，体现了军事思想在物流领域中的应用。物流战略谋划是从全局的、长远的、重大的角度去谋划军事物流建设与发展，以防止错失重大的发展机会和蒙受重大的损失。重在从全局上揭示有关军事物流建设与发展的重要趋势和规律，并用于指导军事物流活动。实践证明：物流战略上的优势往往能够弥补物流战术上的不足。故在战争实践中，必须高度重视物流战略。物流战略具有全局性、整体性、超前性和谋略性。可分三种，一是适应战略。为适应环境变化而采取的战略，谓之适应战略。变被动适应为主动适应，变局部适应为全面适应，变劣质适应为优质适应。二是竞争战略。未来战争，竞争激烈，能在多方的体系对抗中获胜，必是竞争战略之高手。物流竞争战略之核心，乃是全力打造特色物流品牌，凸显核心竞争力。三是发展战略。军事物流着眼发展，眼观六路、耳听八方，测风云之变幻，度季节之轮回，选发展之道路，定前进之方向，此谓之发展战略矣。军事物流战略谋划，基本要点有五，一是判测战略环境，了解物流面临的战略挑战和机遇；二是确立发展目标，规划战略任务；三是确定发展重点，明确主干工程；四是设计发展流程，区分战略步骤；五是制定战略举措，谋划基本方略。战术层次的物流理论断不可用以指导战略层次物流实践，例如，在战略物资储备布局上，零库存的思想是完全不适用的。

三

军民融合是军事物流发展之必由之路，军地物流一体化是军地物流发展的终极目标。

历次战争实践都已证明军民联合实施物流的必要性和重要性，未来战争更是如此。著名的淮海战役，陈毅元帅有句名言："淮海战役的胜利是山东人民用手推车推出来的！"车轮滚滚，军民冒着枪林弹雨，向前线运送物资，发挥了巨大作用。军队物流与地方物流是现代物流的两大分支系统，两者之间有着广阔的合作空间和合作发展的基础。首先，不管是军队物流，还是地方物流，其终极目标都是为人民服务的。军队物流对于巩固国防、维护国家安全稳定具有重要作用，地方物流对于发展安全、繁荣经济具有重大作用。军队物流与地方物流的合作发展具有坚实的基础。再者，军队物流和地方物流在物流设施设备、技术方法以及流程作业等方面大都相同或相近，使得两者合作发展具备了可行性。所以，军民融合式发展是军事物流的必然趋势。军地物流一体化是军地物流合作发展的最高形态，它是指军队物流系统与地方物流系统融合为一个范围更大、功能更强的有机系统的状态。和平时期，军地物流系统相互支援，相互促进，互利共赢，有利于提高军队物流的经济效益，促进国家经济的发展。战争时期，由于对军事物流的依赖性越来越强，需要实现军地两大物流系统合二为一，统一规划、统筹安排，共同保障作战物资的供应。实现军地物流一体化，要通过提高军地物流设施设备的通用性，实现物流资源的整体优化和军地物流功能的综合；通过建立物流人才互动机制，在一定的制度下人才自由流动，实现军地双方共享人才资源；通过军地信息系统的高效对接，实现军地双方的物流信息在更高层次的系统内自由流动，交互共享，从而最大限度地满足国民经济发展和国防建设对物流保障的要求。军地物流实现军民融合具有广阔的前景，愿军地物流界的朋友团结起来，共同推进我国现代物流事业健康发展。物流的明天必将更加美好。

军事物流装备的远程投送能力将全面提升。未来战争时效性较强，战机稍纵即逝，必须在短时间内集结大量物资，并运至战场，有效支援战争。为此，加快战略投送物流装备建设对于未来军事物资的保障有力具有深远意义。从发达国家军事物流装备建设的现状与发展来看，陆、海、空立体投送力量体系是提升远程投送能力的根本。美军战略投送三大支柱：空运、海运、海上预置，所形成的强大的远程投送力量体系，是达成美国全球军事战略的重要环节。我国长期以来实施长距离、大规模的输送使用最多的运输方式就是铁路运输。虽然此种方式在一定时期为我国经济和国防建设做出了巨大贡献，但随着时间的推移，这种较为单一的运输方式已不适应现代战争的要求。因此，未来在继续推进陆路运输建设的同时，海空物流装备配置必将得到加强，实现陆、海、空三种运输方式的协调发展。海运方面加强大型运输舰船，特别是滚装船的配备；空运方面则要适量配置大、中型运输机，推动军事物流系统的快速反应能力不断提高。

军事物流技术与战略战术更趋融合。未来信息化战争，信息的主导作用越来越强，尤其像美军全资产可视性系统的逐步推广应用，消除了军事物流的"三大迷雾"，即资源迷雾、需求迷雾以及过程迷雾，使战争三流观中物流、人员流以及信息流更加紧密配合，合拍流动，进一步促进了军事物流技术与战略战术的深度融合，从而发挥出巨大的战斗力。军事物流技术与战略战术的融合是一个渐进的过程，是随着军事物流理念的更新而逐步发展的。二十世纪九十年代，美军提出"聚焦物流"的理念，客观上说是从动态的角度提出物流对作战部队实施精确保障的解决方案，主要有三大内容作支撑，一是物流可视化，解决物流流向，从哪来，流向哪里，强调点对点的保障；二是快速力量投送，解决物流的载体和流速的问题，用速度代替储存；三是充分利用外部资源，解决流体，即物流中物资的来源问题。为此，美军研发了先进的物流信息技术，主要有自动识别技术、信息管理和辅助决策技术、通信和网络技术等，通过这些技术实现作战系统与物流系统的有机结合。在 2003 年伊拉克战争中，美军确立的即时补给策略，强调"一切物资只是按需要的量在需要的时间投放到需要的地点，而没有为应付可能发生的情况做储备"，关键是第二句，它是"准时制生产"的物流理念在美军精确保障中的应用，借鉴生产流与物流的完美结合，应用于作战部队的人员流与物流的结合中，而军事物流技术与战略战术的融合是实现这一补给策略的重要基础。伊战后，美军进一步发展了"聚焦物流"的理念，形成了"感知与反应"的物流理念，其先进性在于：一是针对进攻作战由传统的线性保障，拓展为网络化保障；二是通过系统优化，使物流系统的感知和反应能力提高；三是通过流程再造，增强了物流系统对作战环境的适应性。理念的更新是与先进的物流技术紧密相关的，同时与作战理论协同发展，尤其是信息时代的到来，地方先进的物流理念能够融入军事物流，地方先进的物流技术能够融入军事物流，先进的作战理论能够融入军事物流，但是其最终的体现在于军事物流技术与战略战术的融合，实现人员流、物流以及信息流的完美结合，从而形成并发挥更大的战斗力。

军事物流发展绿色化趋势日益明显。随着人类活动与自然界矛盾的逐步升级，环境保护已成为当今世界的重要课题。一场旨在保护地球环境，保护自然资源的"绿色革命"在生产、流通和消费领域悄然兴起，并渐渐风靡全球。然而物流活动所导致的噪声污染、大气污染和其他污染（如废旧轮胎、废弃的机油、柴油、润滑油等）却日益严重，绿色物流已经成为物流界理论研究与实践探索的一个崭新的亮点。军事物流的发展也不能回避这一问题，并要采取相关措施，力争实现军事物流的绿色化。军事物流应当自觉地融入这个宏大壮阔的自然环境中，积极倡导绿色仓储、绿色包装、绿色运输等理念，节约资源，善待环境，力求减少环境污染。只有谋求人类与自然的和谐统一，万事万物的并生共荣，才能永葆军事物流的青春与发展活力。军事物流应将小环境改造成一个循环系统，加强军事循环物流建设既是军队开源节流的重要手段，也是保护环境，谋求军事效益和社会效益的重要途径。应合理布局与规划货运网点和配送中心，尽量缩短运距和降低空载率，减少燃油消耗和尾气排放；应保持仓库的环境优良，避免有害物质污染周围地区环境；应积极改造包装，使用环保材料，提高材质利用率；应完善军队有关废物回收制度以及危险废物处理处置制度，开展资源循环、资源替代、资源回用和资源处置等逆向物流活动。只有节约有限的自然资源，才能实现军事物流的可持续发展。

物流既植根于军事，不断汲取军事哲学、军事文化的营养，促进自身茁壮成长，又以其军事特质促进军事发展。两者形成了一种相互促进的关系，共同培育着军事艺术之花。不论是古代战争中的草船借箭、增兵减灶，还是现代战争中的借船扬帆、以假示真，都昭示着物流与军事的完美结合，都揭示着军事斗争日趋艺术化的走势。随着现代科技的进步与发展，尤其是物联网技术在物流及军事领域中的推广应用，军事物流艺术之花必将展苞怒放。

卷 六

物流经济篇

　　物流乃一复杂人工系统，由采集、运输、仓储、包装、配送等环节构成，环节与环节、要素与要素之间相互关联、相互影响，各司其职、各负其责，通力协作以完成物流任务。从经济学角度考察，物流实为经济流也。物流讲求效益，以优质服务赢得客户满意，获取经济效益。物之流，价之动也。物畅其流，价畅其流，降成本以获益。物流与经济，密不可分，研究物流经济，可谓功德无量。

一

物流是一种服务性的第三产业，通过优质的服务产品赢取经济收益。物流产业的产生和发展是经济发展到一定阶段、社会分工不断深化的产物。20 世纪 80 年代以来，随着经济全球化不断发展、科学技术水平不断提高以及社会专业化分工进一步深化，一场对各种物流功能、要素进行整合的物流革命悄然展开。首先是从企业内部形成独立的物流系统，实现企业内部物流资源整合和一体化；然后逐步从生产、交易和消费过程中分化出来，形成以供应链管理为核心的社会化大物流系统，进而成为一种专业化的服务性产业。目前，专业化物流服务作为一种新的专业化分工领域，已经发展成为一个新兴产业部门和国民经济的一个重要组成部分。现代物流业的价值在于能够创造"第三利润"，即通过物流的优质服务产品赢取经济收益。物流的优质服务是一种经济活动，它通过专业化物流系统为用户提供优质的基本服务和增值服务。基本服务包括：物资的可得性、物流的完成周期以及物流的可靠性等；增值服务则是针对用户的特殊需求而进行的物流服务项目。物流活动表现为物流服务的增值和物流成本的合理化，从而创造出"第三利润"。其实质就是要努力提高物流效益，在合理的成本基础上最大限度提高物流业的"产出"。可见，物流经济是从经济学的视角对物流活动的一种透析，客观地反映出物流活动的经济特性。

社会物资需求的标准越来越高，使物流经济的作用进一步凸显。人类社会跨入信息时代，对各类物资的需求愈来愈苛刻，不仅追求品种多样，而且要求品质优良，尤其在时间、空间的满足程度上更是提出了越来越严格的要求。传统的以需求预测为物流起点的运作方式已经难以满足现代社会对物资的需求，现代物流更加强调对用户物资需求的及时感知响应和及时保障，以赢得更大的社会效益与经济效益。在物流活动中，由于物流速度的不断加快，物流时空价值的变化，直接影响着物流经济性的变化。尤其是空间价值呈现下降趋势，而时间价值则呈现上升趋势，从而使物流中物资的经济价值也会发生显著变化，若不及时加以调整，势必会造成经济上的损失。社会物流活动本身具有商品属性，全部活动过程客观上要受经济规律的支配。例如，物资运输过程中管理成本的增加、物资存储由于物品更新换代而造成的价值亏损等，都遵循一定的经济规律。所有这些物流领域里的经济现象都表明，研究物流经济势在必行，必须要剔除只看重物流运作，不重视物流经济的旧观念。

技术进步促进物流经济发展，物流经济进一步带动科技在物流领域的广泛应用。物流实践表明，先进的物流装备和技术，会给物流活动创造良好的经济效益；而较优厚的经济条件，又为发展先进的装备技术创造良好的条件。尤其是以信息为核心的互联网技术、物联网技术，以强化接合部功能的装卸搬运技术等，不仅能够实现物流信息的畅通，而且能够推动物流运作的无缝链接，势必极大地促进物流经济效益的提高。但是，面对诸多先进技术，也当加以认真选择，集而成之；断不可随意组合，以免伤其大局。在物流实际应用中，既考虑技术之先进性，又考虑经济之可行性，在物流技术与物流经济的关系处理上，努力寻找技术与经济的最佳结合。在相同经济条件下，寻找最优的技术性能；或者在相同的技术性能条件下，寻找最小的经济投入。总之，依靠技术进步促进物流经济发展，积极推进先进技术在物流领域中的广泛应用，对于提高物流经济效益具有重大意义。

二

物流活动必须符合经济学原理。物流经济可以具体化为：以最小的劳动消耗和物质消耗，获得最大的物流综合效益。为了完成一定的物流任务，总要付出一定的代价，要投入人力、物力、财力，还要消费一定的时间和其他资源。在完成同样任务的条件下，劳动消耗和物质消耗越少，物流经济效果越好。所谓"在完成同样任务的条件下"，主要指在满足及时、准确、安全、少损四项基本要求的前提下，能够达到同样的物流目标。物流经济的含义，是指相对的节约和符合经济原则，这种相对的节约并不是指单纯追求降低消耗，而是在取得好的效果基础上的节约。只贪图降低消耗不讲求效果，或只贪图效果不讲求降低消耗，都是违背经济学原理的。物流带动了经济的发展，而经济又促进了物流的繁荣。两者互促共荣，正是人类期盼的美景。

物流经济效益是投入（成本）与产出（价值）相比较的结果。资源的有限性和人类需求的无限性这对矛盾正在日益尖锐起来，而减缓这一矛盾的唯一途径也是最根本的途径，就是尽可能地节约有限的资源，尽可能地提高有限资源的利用率。在一定的物流服务水平或经营目标前提下，尽可能地降低资源的耗费；或在一定的资源水平条件下，尽可能地增加物流的成果，提高物流服务水平，已经成为经济社会所有物流组织者共同遵守的法则。物流经济效益，是在确定的物流经营活动目标或用户服务水平的前提下，从经济性的原则出发，用价值量等资源节约尺度，分析和评价物流经营活动中的劳动成果。它可以简单地表示为物流经营活动中投入与产出之比、所得与所费之比或劳动成果与劳动占用和消耗之比。通常计量物流经济效益的方法：差值法、比值法和差商法。差值法即效益等于产出总量和投入总量的差值；比值法即效益等于产出总量和投入总量的比值；差商法即由产出总量与投入总量的差除以投入总量。差值法表示的是绝对效益（纯效益、净效益），比值法表示的是相对效益（比效益），差商法表示的是净效益的耗费比。三种效益计量法在使用时各有利弊，应根据实际情况配合使用或单独使用。

以社会物流总费用占 GDP 的百分比来衡量物流经济运行水平，目前已成为国际惯例。但是，国情不同，国民经济的产业结构不同，这种国际惯例只能作为一种参考，并不能作为衡量物流经济运行水平的唯一标准。由于资源性产品的稀缺和劳动力素质的不断提高，导致原材料成本和劳动力成本也不断提高。因此，提升物流效率、降低物流成本已成为提高国民经济和企业经营质量及效益的重要途径。

物流为人类社会架设的经济通道，不仅盘活并强壮了社会肌体，而且营造了经济安全环境。物流作为一种经济活动，形成了为数众多、纵横交错的供应链。从一定意义上讲，国民经济实体就是由各种各样的供应链有机结合而成的，它们既相互依存又相互制约，形成了人类社会的经济通道。随着社会的发展，社会分工细化，在风险、技术、资源分布、经济实力等因素的共同作用下，众多规模大小不等、业务内容互异的供应链，在追求实现自身最优目标的过程中，最终达到一定的平衡，从而构成整个国民经济实体。这种纵横交错的供应链促进了整个社会的经济繁荣和发展，形成了很强的抗御危机的能力。它不仅表现为交通疏导功能和环境保护功能，缓解城市交通压力，减少城市污染，维护城市生态环境；而且有效地保证了社会经济秩序的正常运转，通过集聚、辐射以及疏导效应的发挥，使整个社会物流大系统具备了适应环境，与环境协调发展的能力，从而为整个社会营造了一个良性运转的经济安全环境。对此，必须有一个清醒的认识。

物流统筹是提升物流效益的主渠道。首先，物资的复杂性和有限性决定了统筹的必要性。社会物资资源是有限的，而人类的物资需求却是无限的，尤其是在条块分割、封闭独立的物资管理体制下，物资呈现多样化和复杂性，同样的物资称谓不同、规格不一、管理各异，导致使用效率低下，亟须从大局或者更为广阔的视野，寻求整合和统筹，以发挥更大的经济效益。其次，物资的关联性决定了统筹的可行性。物资的关联性表现为物流环节的关联性，筹措、仓储、运输、配送、流通加工、装卸搬运等环节共同构成从生产到满足用户的全流程；还表现为供应链上各企业的关联性，围绕产品生产，从上游企业到下游企业，通过产品的需求与利润带动整个供应链的运行。物资的关联性为物流统筹创造了条件，通过物流统筹实现从生产到消费、从筹措到运行到用户手中整个物资链条的简洁高效。

零库存是微观物流的经济理论形态；合理库存是宏观物流扩大经济效益的必然选择。库存是处于储存状态的物品或商品，它是从物流管理的角度出发强调物资储存的合理化和经济性，具有整合需求和供给，维持各项活动顺畅进行的功能。对库存的认识有宏观和微观之分，微观视角是从生产系统入手，主张减少库存，最好达到零库存，目的是经济节约，通过减少库存，发现并解决暴露出来的问题，实现物流与生产流程的有效匹配。宏观视角是从整个国民经济的正常运转入手，库存作为一种时间价值存在，通过物流储备对物资商品市场实施实物调控和服务，引导供求关系，促进国民经济健康发展。主要表现：一是从宏观上掌握、引导和规划社会物资总库存，打击以垄断为目的投机性囤积行为，减轻企业后备库存的负担，降低全社会的库存成本。二是根据产业规划要求，通过物资的吞吐操作来调节供求关系，引导价格趋于合理水平，促进物资资源的合理配置和市场的有序运行。合理库存的最终目的是实现宏观物流的经济效益最大化，不仅体现在物资商品市场方面，而且还间接地促进和推动了物流产业的发展。不问青红皂白，简单地将微观零库存理论搬到宏观物流领域中应用，是错误的。

物流业与制造业协同发展，是发展物流经济的重要策略。制造业发展与物流息息相关，制造型企业从原材料供应、在制品生产到产成品销售都存在物流活动，并已经形成了供应物流、生产物流和销售物流，在整个制造产品过程中，物流活动影响着产品的成本高低和作业效率。物流业作为服务行业只有依托于制造业，才能形成稳定的需求供应，才使物流的服务真正有"物资或者产品"可运作，物流业才能真正兴旺发达。物流业与制造业协同发展，既表现在供应链中物流企业与制造型企业的相互配合，又体现在制造型企业内部生产物流与产品生产线之间的合拍流动，物流业与制造业共生共存，相辅相依，共同促进物流经济的发展。

供应链实质上是物流经济串联起来的利益共同体，合作共赢，互促共荣，乃是维系共同体发展的主线，而失去这条经济主线的供应链必将是十分脆弱的。

三

物流对国民经济发展的贡献，不仅体现在物流业自身所赢得的经济效益上，而且更重要的是对国民经济安全稳定所做出的贡献。首先，物资储备对国民经济安全起到应急和调节作用。应急是在应付突发事件过程中，保障物资连续不间断供应，保障国民经济得以生存和发展。调节则是对物资商品市场实施实物调控和服务，引导供求关系，促进国民经济健康发展。其次，物资运输对国民经济安全起到连通和疏导作用。现代铁路、水路、公路、航空和管道等交通运输系统，既保证了平时物资的正常输送，又形成了结构合理、功能稳固的运输体系，以应对国民经济安全中可能的危机和突然情况，保证交通的快速畅通和物资流量和流速的调节。最后，各种产品的供应链对国民经济安全起到重要支撑作用。国民经济实体是由纵横交错的产品供应链所构成，产品供应链本身是一个相对稳固且极具竞争力的经济链条，它们共同支撑国民经济安全运行，共同促进国民经济繁荣发展。

物流对时空资源的开发利用，对各类社会物资资源场所价值的开发，都极大地改进了国民经济增长方式，为国民经济健康发展做出了积极贡献。时空资源是能够为物流主体提供组织物流活动的时间域和场所，是物流活动的重要资源。物流主体将物资暂时储存于仓库中，待需要时再将物资送到客户手中，从而创造时间价值；依靠运输手段将物资从供应地运送到需求地，从而创造空间价值。不论是从时空占有量上来考量，还是从费用消耗量上来测度，仓储和运输在物流活动中都占有极大比重，被喻为"物流两大支柱"。当前，社会物资资源场所的功能分类，也是以仓储和运输两大类为主，再有就是两者的综合体，因此，对时空资源的开发利用，对社会时间价值和空间价值的开掘，极大地促进了国民经济的可持续增长，掌握运用好时空资源是当前物流经济的重大课题。

供应链经济将是物流经济发展的重要方向，是物流经济在更广阔时空范围的拓展。物流经济是一种逐步发展的概念，物流经济的内容也是在逐步拓展和更新的，其实质是物流时空域的拓展和延伸。供应链经济是由企业内部的物流经济逐步扩展为企业与企业之间的经济，目前正在从横向和纵向上扩展为网链经济，网链合作的内容也由一种产品发展为一类产品甚至更为广阔的合作领域，也使过去企业与企业的竞争，发展为供应链与供应链之间的竞争，这必然给规模经济提供更为辽阔的展示平台，也为国民经济向网链化、体系化发展奠定了坚实基础。

规范良好的物流市场环境是物流经济发展的前提和基础。当前，我国物流市场仍然存在诸多问题，如在"物流热"的驱动下，投资热情过分高涨，重复建设物流基地或者中心的问题；打着物流园区的幌子，大肆圈地占地的问题；缺失物流道德底线，私卷货主货物，诚信缺失，导致物流经济风险扩大的问题；物流管理粗放，规模偏小，业务单一服务方式简单，导致物流成本升高，效率低下的问题；物流技术粗糙落后，物流企业与用户之间沟通和协作困难，阻碍物流服务质量提高，影响物流经济效益的问题。因此，如何规范物流市场，创造良好的市场环境，是物流经济发展的重要课题。

高明的物流企业家总是既重视企业的经济生命，又十分珍惜企业的政治生命，政治生命靠社会责任来滋润，只有政治生命和经济生命都旺盛的企业，才是最有前途的企业。

物流经济是一个崭新的研究领域，是一块尚待深耕细作的学术园地，亟须物流工作者下大力开发。

卷 七

物流管理篇

物流活动源远流长，历经人力物流、机械物流，至今已发展为信息物流。现代物流规模宏大，环境优美，信息化作业，无缝链接，高效率运行。然物流系统的建立与构成、功能发挥与效率提高都与管理工作密不可分。物流管理，浩瀚壮阔，只有置身于实践而又用心体悟者，才可能品尝出物流管理之真味。

一

物流管理是保证物流系统高效运行的重要手段。物流系统是在一定的时间和空间里，由各相互作用、相互依赖的物流要素所构成的，为用户提供所需物资的系统。物流系统大量的工作属于管理工作，包括物流目标的设计、物流计划的制订与组织实施、物流质量的监督控制、物流力量的协调以及物流规章制度的贯彻落实等。可以说，物流管理无处不在，无时不有，弥漫于物流系统的每一个角落。如果没有先进的管理理念作指导，即使有先进的科学技术也是无法得到有效运用的。甚至可以说，如果没有科学的管理，物流就不能称其为一个完整的系统。科学的物流管理是物流系统的心脏，带动着整个物流系统高效运行，影响和决定着物流系统整体运行的质量。

物流管理是充分发挥物流资源综合效益的有效途径。物流管理是对物流系统中的有形资源和无形资源加以合理的运筹安排，导引整个物流系统沿既定目标不断发展的过程。物流系统所追求的目标在于以最少的物流消耗"代价"，取得最大的服务保障效果。物流系统所追求的服务保障效果，既有赖于物流系统内部仓储、运输、配送等系统的局部效益的整合，又有赖于物流系统外部经济效益以及社会效益的整合。这些效益之间具有一定的背反关系，如仓储效益的提升，有可能造成运输或者配送效益的削弱；同样，追求社会效益的最大化，就意味着要弱化经济效益的考虑。而多种局部效益达到平衡，最终实现整体效益和综合效益的最大化，则需要物流管理来发挥其指挥、协调、控制的职能，正确处理各子系统、各环节以及各种系统效益之间的关系。因此，物流有形资源和无形资源综合效益的发挥，其质与量的综合提升都离不开科学的物流管理。

二

物流管理的主体、客体以及环境构成了物流管理三大基本要素。物流管理实质上是三要素相互影响、相互作用而形成了一种综合影响力，物流系统在该力作用下逐步实现目标的过程。物流管理主体是物流管理活动中能动的要素，发挥四项功能作用，一曰决策定向；二曰计划协调；三曰监控执行；四曰奖优罚劣。物流管理客体包括被管理者和物流运作的设施、设备和物资。被管理者是物流管理活动的中介，"一身兼二职"，既是客体作为管理对象，又是主体具体负责各项物流管理工作，协调组织物流业务，具体组织、控制各种发展计划的落实，是领导者与管理末端的中间环节，起着承上启下的作用。物流管理环境主要分为外部环境和内部环境，总是以不同方式存在于物流管理活动之中，并对物流管理活动施加各种各样的复杂影响。物流管理三要素相互促进，形成一种综合管理力量，不断导引物流系统朝既定目标前进。

以人为本是物流管理的核心理念。以人为本，和谐快乐，就是通过科学管理调动物流员工积极性和劳动热情，齐心协力，团结合作，实现人与社会、自然的和谐发展。其一，以用户为本，管理者开发物流员工的智慧，围绕用户需求，提供优质服务。其二，以员工为本，管理者营造氛围，激活员工积极性和劳动热情，使物流员工实现自我能力和自我价值，达到最高层次个人需求的满足感。其三，人物相宜，天人合一。积极倡导循环利用、绿色包装、绿色运输等理念，减少环境污染，节约有限的自然资源，谋求人与物、物流与自然环境的和谐统一，实现可持续发展。

辨才识人是物流管理之要务。人乃物流系统中最活跃之要素，也是最重要的物流资源。人之言行，常有伪装之嫌，夸夸其谈者常以此掩盖其内心空虚，吹捧献媚者往往以此遮掩其丑恶目的，信誓旦旦者未必可靠，花言巧语者也未必真有才。察其言而观其行，透过表象看本质，处于公心考量人，透过实践考验人，则可辨才识人也。量才用人，乃物流管理之要则。事有能位，人有能级，能级能位相符时，物流事业必发达。若能级错位，高能低用或低能高用，皆害人误事，此乃物流管理之大忌。

物流管理最高目标是优质满足用户需求，为达此目标，管理者苦苦经营、孜孜以求。目标聚人心，激壮志。物流管理者应制定恰当之目标，让员工跳一跳够得着，不努力则难实现。既要瞄准管理目标，又要时刻注意脚下困难，唯其如此，才能真正踏上科学管理之征途。

物流管理具有两大主题：其一，是构建合理、高效的管理体系。构建高效能的仓储管理体系，合理调控物流状态，从"数、质、时、空"四个方面满足用户物资消耗需求，是物流管理的本质。首先，要构建一套功能齐全的"硬件"系统。有完整配套的运输设施、设备和工具系统；要有规模相当的仓储设施、设备和工具系统；有一套标准化的包装设备和工具系统，包装规格能够达到标准化要求；有一套与仓储任务相适应的信息设备系统，通信设备齐全，功能互补，能实现从信息采集到加工处理全过程的信息保障。其次，要具有完整配套、功能齐全的、先进的"软件"系统。有一套齐全的物流操作规程；有一套标准化的管理制度；有一套相对稳定的物流理论；有先进成熟的物流管理思想和物流发展规划。再次，要拥有一支训练有素的物流人才队伍。物流决策人才、管理人才和技术人才形成合理的结构和梯次配置，业务熟练、素质较高；建立合理使用物流人才的制度和方法。其二，理顺物流系统内部的各种关系。物流系统内部的各种关系错综复杂，理顺这些关系对物流系统的顺利运行有着极为重要的作用。首先，理顺人与人的关系。要科学合理地划分各级、各类人员的权责范围，既不能出现管理职能划分上的空白，也要避免由于权责划分不清造成遇事互相推诿的情形出现。要严格制定并不断完善各种规章制度，使各级、各类人员有章可循，管理工作统一规范，逐步形成良好的管理机制，努力营造一个和谐、有序的人际环境。其次，理顺人与物的关系。要根据物资管理的具体要求，建立和完善物资管理所必需的设施和设备；要制定和完善与物资管理相关的各种规章制度；要落实并检查各项规章制度的执行情况。充分发挥人的主观能动性，最大限度地使用好设施、设备，高质量地管理好物流运行过程中的物资。只有真正理顺系统内外各种复杂的关系，为物流管理活动创造一种协调的工作环境和顺畅的运行机制，才能提高物流活动的整体效益。

物流管理成败的关键在于沟通，在于人与人、人与物、物与物的有效沟通。领导者与员工之间，员工与员工之间心心相印，志同而道合，沟通及时，何愁物流不兴旺？物流管理者应积极探索沟通艺术，是否善于倾听是沟通成败的关键。物资无时无刻不在向人类发布信息：或述说其用途而请战，或倾吐其遭遇而寻求保护；或因怀才不遇而愤愤，或因环境适宜而愉悦。高明之士总是善于倾听物资之倾诉，总是善于解读万物之信息，用其长而避其短；更高明之士则于物资释放信息之前，便能通晓其意，除隐患于未然，以奏物尽其用之效。物流信息是激活物流系统之火种，是沟通诸物流事件的神经。物流管理必须重视物流信息建设与发展，搭平台以采集处理信息，建网络以传输沟通信息，实现人与人、人与物、物与物之间的有效沟通。管理一旦缺乏沟通，一旦失去信息传递功能，则物流系统必是一个死系统。

物流经验管理与科学管理是辩证统一的关系。表面上看，二者是水火不容，其实并非如此。经验管理和科学管理都是在物流管理实践中具体运用的手段和方法，在具体的实践中往往是某时、某事侧重于其中一项，而不是单凭一种方法实现"包治百病"。二者又是统一的。科学管理的灵魂是实事求是，即运用客观的、真实的情况去探究客观事物及客观事物之间的本质的、必然的、稳定的、固有的联系。一种管理方式和方法，只要是客观地反映了客观事物的本来面貌，客观地发现了事物的规律性，都是科学的管理方法，有的人认为，只有建立数学模型才能算是科学管理，其实这是一种误解。诚然，很多科学管理方法都有数学公式推导和模型陪伴左右，并能得到"定性分析和定量研究相结合"的美誉。但在某些领域里，如社会科学中，在研究人的科学中，这种方法的实效并不明显，没有解决问题，有时还起到了相反的作用。而人们运用经验，运用传统的方法却得到了很大的成功。物流领域中很多问题很难获得数学模型，即使求得其解，但由于建模的约束条件本身就是复杂的变量，因而其可操作性和可靠性已大打折扣。而在这种情况下，专家们可能会根据经验来求得大家比较满意的评估结果。因此，从这个意义上说，经验管理也是科学管理，二者是交融的，并不是水火不相容的。就其总体而言，物流管理强调定性分析与定量研究相结合，宏观问题更侧重于定性分析，而微观问题更趋向于定量研究，两相结合，相得益彰。

物流管理必须重视物流接合部。物流接合部是指在物流系统运行时，由两个或两个以上单位或部门联合完成某项任务，或者当一个物流事件向另一个物流事件转变时，中间出现的连接部位或过渡区段。物流接合部相对于物流系统的其他部分，主要有以下的特性：一是所处位置的关键性。具有承上启下的作用，制约物流流程的顺畅运行，关系物流诸要素之间的紧密衔接。二是相互连接的脆弱性。接合部往往权责不分明、管理不健全，而且容易出现多头管理或者无人问津的问题，因此接合部相对要素内部连接更脆弱，容易出现这样或那样的问题，影响物流系统的正常运行。三是内部成分的多元性。由于不同组织机构、不同功能的要素通过接合部实现管理或功能方面的转换，接合部内部的物资在规格、数量、质量等方面，物流设施设备在规模、结构等方面存在一些差异，形成内部成分多元复杂。四是组织协调的复杂性。不同功能、不同结构乃至不同系统的部分接合在一起，在管理机构、信息系统接口、设施设备的配套、规章制度等诸多方面都有所不同，物流运行会遇到许多问题，使组织协调工作更加困难。在物流系统中存在着许多的接合部，关系到物流系统能力的增强和整体发展水平的提高，必须要有意识地加以强化，重点应加强"四键"建设。其一为目标键。共同目标产生一种凝聚力，目标越明确越共识，其键则愈强。其二为利益键。共同利益产生一种黏合力，促进多元成分合力共取之。利益分配不公，损一方利益而优另一方，则此利益键必断裂。其三为感情键。由良好情感而产生的一种凝合力，感情浓则键强，感情淡则键易损也。其四为心理键。多元成分共同谋事，必心理相通。倘若同床异梦，各怀异志，则心理键断然无存也。明目标以励奋进，调利益以稳人心，增感情以固友谊，顺心理以鼓士气，乃强化物流接合部之要则。

物流人当高度重视接合部工作，以奏纲举目张之效。

物流系统亦如人体，遇有风邪侵袭，则出现病态。物流管理恰似医治病症，为物流系统诊病治病，或防患于未然，或康复其肌体，实为重要。物流诊治，预防重于治疗。物流健康运行时，当依理而动，依规而行，采预防措施于先，纳维护保养于常，则可保物流体系无病无患也。物流诊病，常用四法，一曰看，观看外部表现，了解病状；二曰问，查问相关人员，掌握病状之来龙去脉；三曰测，实地探测一番，了解何部脱离了规范标准；四曰评，将同类物流事件放在一起评议一下，从中找出毛病。物流之体结构复杂，其诊治难度不亚于人体诊治。物流管理者应知难而上，于实践中探求物流诊治之法。物流治病，当谨遵以下诸则：一是标本兼顾。标者，表象也。本者，本质也。既要治其表，防止表证恶化；更要治其本，防止以后复发。二是中西结合。急症宜西医疗法，或开刀或退烧，立竿见影，手到病除；慢病宜中医疗法，推拿针灸，君臣佐使，去火抽薪，消根除患。中西治病，各有千秋，宜综合采用以奏扬长避短之效。三是综合治理。物流运行，积劳成疾，其病因往往复杂多样，故而仅靠单法难以奏效，需要全面分析综合治理。唯有精通物流管理理论并在实践中细心体悟者，才有希望掌握物流诊治之术。

合同管理是物流管理授权思想的集中体现。用户出于降低成本，或者为了集中精力从事核心业务等目的，将物流的部分职能或者某类物资的整个物流链通过契约的方式，委托给专业的第三方物流进行管理和运营。合同管理的本质在于将物流管理的部分职能授权于第三方，其核心思想是"不求为我所有，但求为我所用"，这一思想促进了社会物流业的进一步扩展，同样也适用于军事物流以及应急物流，以收获经济效益以外的军事效益和社会效益。

无主体管理是供应链管理的本质特征。供应链管理是物流管理的进一步拓展，物流管理是就某一类物资从筹措到最终配送到用户的全过程、全流程的管理。供应链管理则是对原材料供应直至最终产成品消费，从供应商到用户之间全流程的管理，无论从范围、对象到内容都有质的变化。但是，物流管理具有明确的主体、客体，而供应链管理中虽然有供应商、制造商、批发商和零售商等多个对象，但是没有明确的管理主体，即能够凌驾于诸多企业之上的管理者。供应链管理是一种联盟式的，各企业之间相对平等和松散的制约机制，虽然有核心企业在整个供应链中能够起到主导性的作用，但是它对于其他企业不具有行政支配权，各企业之间管理的链条是一种利益链、服务链。利益链是指供应链上的企业围绕最终的产品利润，共生共存；服务链则强调供应链的上游企业为下游企业提供服务，整个链条是逐级服务，最终实现对用户的服务。

做好一名优秀的物流领导者，应注意把握十大艺术要点。一是胸中装着一张发展蓝图，物流领导不仅要善于绘制蓝图，而且善于照图来组织实施。二是始终关注两大物流资源的开发利用。一类是有形资源，包括人力、财力、物力资源；另一类是无形资源，包括信息、时空和关系资源。关系资源是开发利用其他物流资源的关键，必须要建立好各类资源之间的相互关系。三是牢记物流领导的三大决策域。物流领导要有明确的决策域，即决策范围，首先是事关全局的物流事件；其次是直属下级的请示；最后是非规范性的物流事件。四是始终坚持物流领导过程中的四个结合，即目标与措施相结合，安全与训练相结合，适应与发展相结合，新技术与老技术相结合。五是在实践中锻炼五大物流领导方法，即调研艺术、指挥艺术、用人艺术、说话艺术和开会艺术。六是在实践中提升物流领导的六种能力，即"谋""断""讲""干""写""算"。七是注重物流领导七大修养要点，修德、练功、学艺、扩容、创新、试验、磨剑。八是熟练掌握物流领导八大本领，信息处理、科学决策、识才用人、组织开会、组织作业、安全防卫、当家理财和总结创新。九是学会诊治物流常见的九大疑难杂症，"风症""大脑分裂""四肢不全""近视""耳聋""肝硬化""营养不良""学舌"以及"地方杂症"。十是掌握物流十大看点，班子、士气、设施、信息、战备、安全、管理、环境、训练、后勤。

三

大力倡导高品位管理。物流管理历经沧桑，积累诸多宝典。如目标管理、成本管理、层级管理、法制管理等，无不闪耀着哲理之辉。内中最具时代特色者，莫过于高品位管理。高品位者，相对低品位而言也。低品位管理，依靠挤压员工体力劳动来完成物流任务，倡导加班加点，倡导带病工作，以牺牲员工健康为代价换取业务成果；而高品位管理，则依靠开发员工智力、启迪员工智慧，依靠科技进步去完成任务，着力打造和谐的育才环境，倡导员工学习技术，激励员工学习科学理论，勉励大家以智慧的双手去开拓去创新，创造性地完成物流任务。以人为本，创建良好环境，团结互助，齐心合力推动物流发展，此乃高品位管理之核心。高明的物流管理者总是热情倡导并积极践行高品位管理，而只有那低水平的管理者，才津津乐道于低品位管理。

创造先进的管理机制是物流管理的艺术境界。物流经由盲目实践、科学指导发展之后，现已向艺术阶段迈进。其实任何事物只有达到文化艺术阶段，方可称之为成熟时期。当物流进入文化艺术境界，动静有序，起落有秩，和谐协调，出神入化，给人以美感，给人以享受，这难道不是物流所创造的上乘艺术作品吗？物流讲究内容和谐有序，讲究循规遵章；车流有道，船行有标，诸元一体，劳逸结合，相互促进，协调发展，无缝链接，滚滚向前，活脱脱俨然一个快乐家庭。物流活动跳跃着管理的音符，诉说着管理的梦想。由此可见，快乐物流为艺术境界之根本。

物流精细化管理是未来物流管理的主要模式。物流精细化管理是一个不断改善、不断提高的过程。首先，要形成物流精细化的战略。就精细化本身来讲，它是一个微观层面的问题，但是当它的发展已经成为实现物流行业整体跃升的重要因素时，物流精细化就成为战略层面的问题。其次，要制定物流精细化的标准。精细见于数据，严密科学的量化标准是物流精细化的基础。从目标决策、系统优化、流程再造到绩效考评，都需要制定与实际任务相匹配的标准，以保证物流精细化的具体实施。最后，要建立物流精细化的法规。物流精细化管理，需要法律法规来规范和执行。需要结合区域物流特点和物资种类，围绕筹措、运输、仓储、配送、信息系统等环节制定相应的法律法规，真正使物流精细化有法可依，执法必严，以促进物流企业竞争力的全面跃升，实现我国物流事业的兴旺繁荣。归结起来，物流精细化管理应具有"三全"和"三无"的特色，即全覆盖、全方位、全流程，无盲点、无缺项、无缝隙。物流精细化管理到位之时，便是现代物流全面振兴之日。

卷 八

物流科技篇

　　纵观天下学问，精彩纷呈，形态各异，倘若经过归纳综合，无非四类：一是物理，探索物质世界变化规律之学问；二是心理，考察人类精神世界变化规律之学问；三是事理，考察事物变化规律之学问；四是哲学，统领上述三理之道理也。细细品味物流，有物理，有心理，有事理，亦有哲理，足见物流学问之博。开展物流科研，对此必有所识。回顾物流发展，历经沧桑，已经初具规模，也积累了许多宝贵的经验，形势令人鼓舞；展望未来，物流必将朝着科技兴流的道路阔步前进。

一

科技兴流是物流兴旺发达的根本途径。依靠科技进步，是物流业振兴与发展的根本大计。科学技术是第一生产力，也是物流业的基本推动力。走科技兴流之路，是我国物流业发展的历史总结，也是对未来前景的综合预测。先进的科学理论，能够指导物流沿着正确方向发展；先进的高新技术，能提升物流装备的技术性能，改善物流工作条件，大大提高物流的作业效率；先进的物流信息技术，能构建物流的神经网络，提升物流系统实时感知和快速响应的能力。所以，如果把物流比作奔腾不息的大河，那么现代科技便是强劲有力的东风，东风劲吹才能掀起物流业振兴的波浪。

现代物流规模的扩大和作业方式的进步，都离不开先进的科学技术。随着社会现代化进程的加速推进，人们对物流"数、质、时、空"的要求愈来愈高，不仅要求物流业扩大规模，而且要求物流系统提高质量建设水平，使物流系统能够以更快的速度、更简洁的方式、更精确的手段来遂行物资保障任务。面对越来越苛刻的挑战，物流的每一个作业环节，包括运输、储存、包装、装卸搬运等，都离不开先进的科学技术，技术水平愈高，物流的质量也才能越高。正如许多新兴科学技术体系一样，物流科技也是在物流发展过程中，通过不断融合吸收相关技术而形成的一个综合技术群，如仓储技术就是融合了动力技术、电气技术、自动化控制技术、机械技术等技术门类的综合技术群。现代化的仓储技术、运输技术、包装和防护技术、装卸搬运技术，以及日益精确的物流信息采集与传输技术体系，正在逐步融合发展成为体系完备的系统科学。因此，随着现代物流规模的扩大和作业方式的进步，各类现代科学技术正在不断向着综合化的方向发展，不断催生新的物流科技，不断为物流科技赋予了新的内涵。这也印证了物流具有博大的技术胸怀，任何先进的科学技术都可以在物流领域一展身手。

二

物流科技是物流科学与物流技术概念的集合，即科学与技术的统一，它既是物流知识体系和认识活动的总结（科学），又包括在物流领域从事具体活动的各种手段（技术）。

由于物流科技的多元性、综合性特点，决定了它分类方法的多样性。按照存在形态，可以将其分为硬物流科技与软物流科技。按照技术思想与科学原理，可以分为物流机械技术、物流信息技术、物流控制技术和物流运筹方法等。按照应用范围，可以分为仓储技术、运输技术、包装防护技术、配送技术等。按照军地兼容性，可以分为军队独有的军事物流科技与军地通用物流科技。按照保障环境，可以分为平时物流科技、危机时物流科技以及战时物流科技。

创新是物流科研的灵魂。丰富多彩的物流实践，是物流科技创新的真正源泉。从三国时代的"木牛流马"，到现代的"准时制生产"以及"感知与反应"物流，无论是军事物流实战还是社会物流实践，各种各样的物流需求，是推动物流科技发展进步的不竭动力。发展物流科技，关键在于创新。而创新之基础在于坚实的理论与实践。物流是一个开放的大系统，物流科技既包含在仓储、运输、装卸搬运、包装及信息采集与传输过程中所采用的各种工具、设备、设施和其他物质手段之中，也包含在由科学知识和劳动经验发展而来的各种方法、程序和技能等内容之中。物流科研的进步既着眼于物流具体微观细节的创新，也着眼于整个物流系统的构建与创新，还着眼于物流经验的总结与理论的深化与创新。所以，推进物流发展的核心在于创新，开展物流科研的灵魂在于创新。

知微而识著，持小而观大，不失为物流科研之妙法。所谓滴水现阳，亦此理也。例如考察人体，其实它也是一个巨型世界，内有江河湖海，亦有崇山峻岭；既有领帅机关，亦有基层单位；既有城市，又有乡村；既有外敌入侵，亦有奋起自卫；有军事、有经济、有文化、有农业、有工业……这一切的一切共同营造着人体的内部环境，也共同编织着多彩多姿的梦想与花环，共同创造着现在和未来。所谓九九归一，万物同理，万事同道，确乎如此矣。物流大家，当以此理考量万物，大智慧者，无不以此理通晓宇宙。物流科研，岂能游离此理此道之外？

创新思维是开发前沿理论之锐利武器。思想守旧、抱残守缺者，绝难开拓前沿理论。唯有大胆创新、锐意进取者，才能于茫茫物流领域有所发现、有所创造。物流科技创新的四法在于：一曰补白，即开荒拓疆，补充历史之空白；二曰纠偏，不唯书不唯上，勇于向权威挑战，敢于向书本质疑，纠正一切偏颇之见；三曰发展，即在前人理论成果基础上，发展新见解，提出新观点；四曰杂交，即将相邻学科理论交叉融合，杂而交之，生发新理论，引出新结论。物流科技创新的十大基本途径在于：热点中寻求新发现；难点中寻求新突破；冷点中寻求新思维；重点中寻求新见解；疑点中寻找新答案；支点中寻找新论据；盲点中寻找新信息；节点中寻找新关系；动点中寻找新轨迹；静点中寻找新动态。

物流科研应遵循科学的思维路线，由浅入深、由表及里地展开研究。先进而正确的物流科技成果，来源于对物流实践活动的科学思维判断，而正确的思维判断，则源自系统的研究和体悟。概括起来谓之八步法：第一步谓之发现现象。物流百态，五光十色，只需留神，随处可见。视而不见，听而不闻，实则科盲也。第二步谓之表述现象。将所闻所见之物流现象，如实记录下来，表述其时间、地点、环境及过程等。第三步谓之提炼概念。将物流事件剥茧抽丝，去伪存真，表达其内涵与外延。表述概念方法甚多，诸如目的表达法、要素表达法、结构表达法、枚举法，等等，不一而足。准确提炼物流概念，颇见功力。第四步谓之捕捉特点。将研究对象与参照物相比较，于差异之中探求其个性特征。参照物必备三个条件：一是应与研究对象处于相同或相近层次中；二是与研究对象处于相同或相近专业门类中；三是具有相对稳定性。反复对比，特点自现。第五步谓之剖析结构。查找出事物的构成要素，并将其诸要素之间的关系逐一揭示出来。第六步谓之研究功能。结构决定功能，查结构以定功能。功能分内外，宜细察之。第七步谓之权衡利弊。依据功能分析之结果，判断该事物发展趋向，并权衡其利弊得失。第八步谓之谋划对策。针对上述研究结论，分别谋划应对之策。趋利避害，扬长避短，以振兴物流。

物流科技乃物流发展之重要力量，凡物流运作成功者，无不得益于物流科技进步。振兴物流科技务必坚持实事求是、着眼需求、量力而行，断不可一哄而起，只求轰动，不计效果。尊重客观实践，按照客观规律办事。不唯书，不唯上，不唯古，把物流理论统统纳入实践中去检验，敢于坚持真理，勇于修正错误，确保各类物流决策和实践活动建立在充分科学论证的基础之上。物流讲求有序，科技发展亦同此理。先要搞好顶层设计，综合分析，审慎论证，以保决策无误。例如自动化立体库建设。首先应从战略全局判断，合理布局，以适应备战之需。其次要做需求分析，立体库主要解决两大矛盾，一是时间矛盾，收发作业频繁，人力紧张，非借助自动化作业不能完成任务；二是空间矛盾，城市地区地价昂贵，寸土寸金，非向空间发展不可。立体库高效率作业以化解时间矛盾，向高空延伸以缓解空间矛盾。然而有些高架立体库耸立于深山老林，常年储物不收发，实乃愚蠢之极。

研究物流特点，必须选准参照物。参照物的选择标准，一是要在相同（近）的层次；二是要在相同（近）的专业；三是参照物要具有相对稳定性。对于物流特点的分析，首先要从目标上寻找差异；其次要从构成要素中寻找差异；再次，要从双方的行为行动中寻找差异；最后要从所处的环境寻找差异，从而找出二者的共同点和差异性，达到正确认识物流事物的目的。

能通专结合、软硬并举、新老共用，是物流科技开发与应用的基本法则。物流科技因适合范围不同，区分为通用和专用科技。专用科技适用于特殊专用的领域，重在突出个性化的需求；通用科技在于功能运用的普遍性，能够满足多种群体、多种环境的要求。通专结合的关键是在接合部上下功夫，使物流技术装备是多功能的、多性能的。比如，目前地方在研发飞艇，飞艇就有点像通专结合的产物，它陆上能行走，在空中悬挂着也能行走，低空也能飞行，而且在空中还能滞留，既能当仓库，又可作运载工具。这种复合型的技术装备将是一个着力点。软硬并举，就是既有硬件，有运动的这些东西，又有指挥它的灵魂，有它的灵魂软件在里头左右、谋划。实际上，我们好多技术装备就是软硬结合的产物，比如机器人。机器人技术就是最典型的软硬结合的综合技术。它能够智能化，因为将来无论是平时物流还是应急物流，它们的发展方向都是趋向智能化。所谓智能化就是软硬要结合，不要人来进行操作，它自身就能够选择目标，选择路径，能够自行操作。新老技术共存，就是要在继承的基础上，要在老技术的基础上，拓展它的新功能，发展它的功能。在新老技术方面，我们不能一味地追求发展新技术，而把老技术全丢了，这样就会得不偿失。这个我们是有教训的。南方冰雪灾害的时候，我们好多的老技术丢得一点都没有了，结果现找。我们现在用的火车都是电机车，属于先进技术，一旦断了电，电机车都不能用，结果还得现找蒸汽机车，好不容易找回蒸汽机车没有会开的，老技术都丢了。新老技术一定要共存，因为它们的适用场合不一样。特别是那种小型的土办法，能解决问题的东西一定不能丢，要结合起来，寻求土洋技术结合与互补。

物流科技是把双刃剑，技术集成搞得好，运用得恰如其分，则能发挥积极的作用，利于物流发展与进步；同时，我们必须正视其负面影响，如果不顾实际情况，盲目追求个别技术的先进性，则反而影响整体效能的发挥，必须想方设法减弱之。如物流领域中推动可视化系统建设，实现物流过程的可视化和透明化，必须搞好战术和技术的结合，搞好系统的整体优化工作。唯有如此，才能将丰富的技术资源转化为真正的物流成果。

三

物流具有博大的科技胸怀，任何科技成果几乎都可以在物流领域展示才华。囿于单一科技门类，只会造成物流科技的枯萎和凋零。

物流科技研发要坚持以人为本的正确方向。现代物流理念体现的是以人为本的思想，促进人类生活水平和社会福利的提高是现代物流的终极目的。所以，物流科技研发要以人为本，善待环境，实现和谐可持续发展。目前，许多物流活动所导致的噪声污染、大气污染和其他污染（如废旧轮胎，废弃的机油、柴油、润滑油等）日益严重，必须加以彻底解决。当务之急是要围绕创造绿色物流，善待物流环境，实现以人为本，来进一步开拓完善物流学科的理论体系，探索宏观物流运行规律，开拓微观物流技术；研究物流决策理论，建立物流自动化技术规范；总结国内物流实践经验，探讨国外物流发展规律。通过开展物流科技科研，推广应用先进科研成果，提高物流运作效率，进一步节能降耗，保护环境，实现低碳化。

物流科技要保持合理的研发速度，紧贴需求，适度发展。依需定量，按需而动，物流之精道也。思用户之所思，念用户之所想，物流则兴旺。物流需求对用户而言，必须善于提出需求；对物流业者而言，必须善于调查研究，及时了解用户之需求，这也是物流科研的重要任务。物流需求随时代变化而发展，跨入信息时代对物流需求更加苛刻，各类用户的个性化需求尤其应当注意满足。物流活动不仅体现在把货物送到手里，而且集中反映在用户满意度上。精确保障，服务至上，是现代物流人的最高信条，也是物流科研的根本方向。物流科技发展速度讲究适度，过快或过慢都是不可取的。物流科技的适度发展就是遵循客观规律，加强科学统筹，正确处理速度、规模、质量三者之间的关系。面对肩负的艰巨任务，如果不全盘考虑，缺乏理智的思考，头脑发热，或违背客观规律一味地追求物流科研的大跨度、跳跃式、快节奏，不注意协调，不仅不能加快物流业的发展，反而会给物流体系建设带来挫折和危害。因此，要通过科学统筹，处理好速度、规模和效益的关系，促进物流体系的全面、可持续发展。

如果把物流科技比作花朵，那么物流实践便是肥美的土壤，物流政策和策略便是阳光和雨露。因此，务必要坚持从实践中来到实践中去的原则，将物流科技植根于实践中，同时适时适地制定正确的政策和策略，促进物流科技之花竞相开放。

卷 九

物流动力篇

　　万物之成长壮大，皆由动力所为。物流作为有目的的社会实践活动，之所以滚滚向前、奔流不息，皆由物流动力推之、拉之。在物流活动过程中出现的一些现象或问题，与物理学中力的现象或问题具有相似性，我们称之为物流活动的准物理现象。比如，物流与水流就具有可比性，从流体力学的角度审视，水流流体中有动力、压力、阻力，而在物流系统中也可以得到相应的解释。水流流体自由流动的原动力是地球引力，而物流系统"物品"流动的动力是经济"力"或行政"力"；水流流体两点之间的压差产生液体压力，而物流两点之间的物资数量差也产生了物资流动的驱动力；液体流动的阻力来自于液体流经的管路，而物流流动的阻力则来源于物流信息畅通度、交通状况、载运设备性能、驾驶人员技能、管理者水平等。虽然物流作为一种社会活动其影响因素更为复杂，对物理学的规律断不能照搬套用，但是研究物流动力的发生、发展及变化规律完全可以从流体力学中获取有益的参考与借鉴。推动现代物流建设发展，应当高度重视物流动力的研究与探索。

一

物流动力是物资保障力形成的重要因素。物资保障力是物流系统从事物流活动保障社会需求的能力，是满足国家和社会建设发展需要的基础性能力。物资保障力是多种要素综合集成的结果。物资保障的结构性要素只有与物流动力相结合，合理确定并逐步形成要素间的良好结构关系，才能有效调整方向，形成保障合力；物资保障的实体性要素只有与物流动力相结合，实现物资品类齐全、规模适度，才能发挥物资保障力的最佳效益。由此可见，物流动力在物资保障力构成中具有举足轻重的作用，直接影响着物资保障力的生成和效益发挥。

物流动力是促使物流系统高效运行的基本力量。任何人造系统，都必须依靠人为的动力系统来提供动力，物流系统赖以存在并维系正常运行的基本力量是物流动力。物流系统由若干子系统构成，各子系统之间相互关联、相互依存，并通过物流动力推动牵引实现正常运转，从而实现系统目标，使物流系统不断从系统之外吸收能量，又不断向系统之外排放能量，始终保持系统的动态平衡。

物流动力是推动物流发展的力量源泉。由于在现实中各类物资的生产分布不均衡，各地区用户物资需求也不尽相同，因此物资供需双方的矛盾普遍存在，而正是这种矛盾引发并带动着物流业的发展。物流动力的发展有赖于观念的更新、新技术的应用以及体制编制的调整改革等，其终极目标是从根本上解决物资供需双方对数、质、时、空的矛盾，以实现供需平衡。换言之，物流动力推动物流系统不断完善，实现物流事业的持续发展，其终极目标就是实现供需平衡，从而终止物流现象，这就是物流动力的辩证法。

二

所谓物流动力，就是指维持物流活动正常开展的基本力量。任何一项物流活动，都离不开物流人员，而物流人员均离不开衣食住行，离不开最起码的物质生活条件；与此同时，任何物流活动，也离不开一定的物流工具。物流动力的功能就在于保证物流人员以及工具等在系统中的正常运转。

利益是物流的核心动力。物流企业运作的根本目的在于追求利益，创造价值。利益说到底是一种价位差，其表现形态既可以是经济效益，也可以是社会效益或者军事效益等。物流在此利益推动力驱动下，由低价位流向高价位。物价差愈大则利益愈大，物流系统的内在驱动力则愈强。需求是利益常见的表现形式，当物资需求方和供应方存在足够大的价位差或效用差时，则表现为需求的增大，由此产生的物流规模也随之变大，反之亦成立。

社会经济实力所产生的供应能力是物流的助动力。物流系统的功能在于将社会分散资源转化为具体保障目标的物资保障力。成熟的市场经济所形成的物资供应能力是物流系统运作的基础条件，也是制约物流大小的最直接的力量，当社会的物资供应能力所产生的助动力为零时，物流亦告终结。

物流动力的构成复杂，不同的标准所展现出来的动力类型也不同。根据物流动力的作用方向来区分，包括导引物流企业向前发展的牵引力，如，先进合理的物流目标，会产生巨大的感召力，能导引物流人员沿正确目标奋进；推动物流企业向前发展，如优美的物流内部环境，会给物流人员提供优厚的工作条件和学习条件，推动物流人员奋发图强、创造更大的效益。依据力量来源来区分，主要包括由财力、各类物流设施设备以及各种物质奖励等所产生的物质动力；由物流目标、物流人员的信念以及各类荣誉嘉奖等所产生的精神动力；由物流动态、物流知识以及物流科技在物流领域内应用等所产生的信息动力；由国家物流方针政策、行业规章制度等所产生的政策动力；由物流系统的外部环境以及内部环境所产生的环境动力；等等，不一而足。

物流动力的方向性决定着对物流目标的贡献率。无论是物流企业还是物流个人，它所产生的物流动力相对于物流目标而言，通常很难与之完全吻合。运用数学的方法来分析：

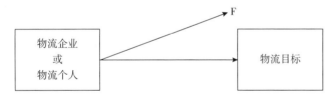

如图所示：倘若有 F_1、F_2、$F_3 \cdots F_n$，诸多动力同时作用于物流企业或个人，那么依据物流目标的导向，可用下面公式来计算物流总动力：

$$R = \sum F_i \cos\alpha_i$$

进一步研究，我们将指向目标的力定为正坐标方向，将完全反向目标之力定为负坐标方向，于是各分力之夹角变化则可以用来描述力的大小变化，详见图1。

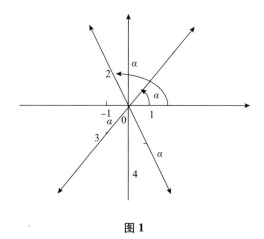

图1

当夹角 α 由 0°→90°时，F 力的值由 1 变到 0，α 由 90°→180°时，F 力的值由 0 变到 -1，α 由 180°→270°时，F 力的值由 -1 变到 0；当夹角 α 由270°→360°时，F 力的值则又由 0 变到 1。

所谓物流的反向分力，实际上就是在物流运转过程中，存在的诸多阻力，主要源于以下诸条：一是观念阻力，不识物流为何物，不了解物流之重要作用，当然会漠然视之，甚至于抗而拒之，扑而灭之，尤其处于物流高层的管理者，若观念落后，势必产生物流阻力；二是体制阻力，体制不顺，条块分割，多头管控，各行其是，势必给物流发展造成阻力；三是环境阻力，环境恶劣，使物流难以为继，处处受阻。

增强物流动力的根本策略在于高效增强推动力和牵引力，同时削弱物流阻力。物流的总动力为保障力做出的贡献大小，取决于物流动力与阻力间的较量拼搏。增强物流的推动力和牵引力，关键在于物流系统内部人际关系的质量。人际关系的质量分别表现为三个方面：第一方面是情感因素；第二方面是人的价值观的正确性和一致性；第三方面是群体目标内化为个人自觉意识与动机的程度。物流系统整个群体的凝聚力具体表现为价值拉力、道德推力、心理倾向力、行政推力以及信息和环境动力等。削弱物流阻力关键在于着眼观念、体制以及环境等因素，通过物流先进理念的宣传，物流体制机构的改革以及环境的改造，逐步减弱物流阻力，甚至变阻力为推力，进而增强物流的总动力。

为了有效地使用物流动力资源，壮大物流总动力，应认真进行物流动力的理论研究，进一步完善物流动力理论；物流动力是一种准物理量，断不可照搬套用物理学中力的量纲，而应当主动创新，积极探索，寻找一种能够反映物流动力本质的新型量纲。注意协调物流动力的方向，使之尽可能指向物流目标，尽量减少偏离目标的分动力，尤其要注意防止反向分力的出现；同时，讲究施力艺术，捕捉适宜的施力时机，讲究施力点和施力大小。讲究物流施力艺术，是物流管理者的必修课程。

三

兴动力，破阻力，推动物流业蓬勃发展，是物流人的天职。在物流已成为人类第三利润资源的今天，外行谈产品，内行讲物流，我们没有任何理由不去推动现代物流的发展。物流发展最强大之动力，来源于人类对物流的觉醒和悟道。

增强全社会对物流的推动力是物流动力发展的战略方向。人类社会的进步来源于社会生产力的推动，社会生产力的水平取决于社会保障力的发展，而社会保障力的本源在于社会物流的合理运作。以全社会物流最优为目标，从多方面、多角度、多层次全面展开研究；以当前最先进的科学技术为基础，从全社会的宏观社会效益出发，研究和运用提高物流绩效的各种方法和技术，才能逐步实现社会物流的全程可视、全程可控，优化配置全社会物流资源，提高社会物流活动的效率和效益。因此，推动物流系统运转的最大动力存在于全社会对物流的强力支持。

加大物流人员内在驱动力是物流动力发展的内在原因和根本依据。物流人员涵盖物流系统的决策者、管理者和执行者，是物流系统得以正常运转的根本，也是物流动力的重要来源和直接作用者。物流人员的内在驱动力，表达着物流业者的心理倾向，反映着他们对物流业的热爱和执着，体现着一代代物流人集体主义精神，不畏艰险、百折不挠、吃苦耐劳的乐观主义精神和创新精神。因此，加强理想教育，提高全员素质，倡导快乐物流理念，营造和谐的内部环境，必将大大增强物流系统的内在动力。

创新是物流事业发展的不竭动力。只有坚持改革，不断创新，才能推动物流事业不断发展。物流是一门新兴的学科，尚有许多理论空白需要填补，而且随着物流业的迅猛发展，物流领域还将出现许多新问题，需要通过理论与实践结合加以解决。在物流理论创新过程中，要注意从学术热点中寻求新发现，于学术冷点中寻求新见解。物流实践创新要改掉已经不适应新形势新要求的陈规旧习，推进顺应时代发展的各项制度落实。坚持物流理论创新，需要有足够的理论勇气，要有一股敢为人先的闯劲和冲劲。坚持物流实践创新，更要注重总结经验教训，勇于揭露物流管理中的弱点和短板，敢于面对现实中存在的各种困难和阻力，想方设法探索新模式。物流创新是对不正确的传统做法的否定，也是对传统正确做法的继承。正确处理好继承与发展的关系，抛弃错误的做法，弘扬正确有效的做法，本身就是创新。不管是先立后破，还是先破后立，都必须遵循物流创新的规律。按照客观规律开展物流创新，才能使物流事业发展始终保持旺盛的动力。

古人云，天时、地利、人和，则万事兴。物流事业的发展，同样要凭天时、依地利、靠人和，合力打造物流总动力。

卷 十

物流统筹篇

所谓物流统筹，是通过对物流系统的信息整合、整体筹划和通盘安排，以实现优化物流资源配置，优化物流建设方案、优化物流作业流程目标的一种管理活动。物流统筹是突破体制障碍，深化物流改革，提升物流效益的有效手段和锐利武器，因其功能强大而为军地物流界瞩目，已经并继续成为现代物流领域的研究热点。物流实践反复证明：谁欲夺取物流改革的胜利，高效推进物流建设与发展，谁就必须熟练掌握这个锐利的思想武器和长效的管理方法。

一

物流资源成分的复杂性，决定了必须通过系统集成、统筹规划、优化结构和布局，才能高效开发利用资源。物流资源空间的分散性，决定了必须统筹安排，合理配置，才能有效发挥资源的作用。长期以来，由于物资管理体制条块分割，一些系统和专业习惯于"立足内部、自我保障"，分头制定标准、分头下达计划、分头安排经费、分头组织建设，渐次形成了"大而全""小而全"的建设模式。由于各系统和专业之间，鸡犬之声相闻，老死不相往来，致使连一些通用物流资源，都不能从全局的需要出发进行科学布局和优化配置，各系统和专业都不同程度地从自身局部需求出发争资源，致使本来就存在的物流资源冗余和短缺同时并存，重复建设屡见不鲜，资源浪费比比皆是。严酷的现实，呼唤着物流统筹，迫切要求合理配置物流资源，真正做到物尽其用。

物流环节的关联性，要求物流统筹安排，实现流程贯通，无缝链接。物流环节脱离，造成物流周期拉长，效益低下。在实际运作中，由于筹措、运输、仓储、装卸搬运、包装、流通加工、配送等纵向环节中，管理职能相对分散，各子系统又自成体系，独立经营，没有有效的信息沟通手段和机制，所以很难实现综合集成和全程可控。要想使物流的各个要素、各个环节、各个层次、各个系统实现整合，使物流系统在国家、地区上衔接一体，在战略、管理、执行层面上下贯通，必须从全流程角度考虑，统筹计划安排，使物流系统在纵向上环环相扣，节节贯通，实现无缝链接。

物流目标的一致性，要求物流统筹协调，实现分目标与总目标的高度一致。物流大系统是由各个子系统构成，各个子系统都有自己的分目标，同时物流系统运作过程中，不同的时间段、不同的工作环节也都设有分目标，物流系统的分目标与总目标之间具有趋同性和一致性，都以追求经济效益最大化为核心目的。但是，在物流系统的实际运作过程中，分目标之间以及分目标与总目标之间往往存在矛盾和冲突，这就需要物流统筹协调，从全局高度把握各分目标的指向，朝着共同的总目标方向努力，真正使物流各个分系统形成合力。

二

物流统筹依据层次，可分为战略统筹、战役统筹和战术统筹；依据执行力度可分为刚性统筹和柔性统筹；依据纵横关系又可区分为横向统筹和纵向统筹。类型不同，则特点各异，特点决定了统筹方法。

物流资源统筹的核心是对资源进行优化配置，以形成整体资源优势，发挥整体保障效能。物流资源的供给总量在一定时期内总是有限度的，要想谋求更高的产出/投入比，必须将有限的物流资源以多种形式投入或分配至物流系统中并使其充分发挥作用。这就是物流资源统筹的核心思想，它通过物流系统内部及外部的管理机构，对有限资源的配置进行全局或局部较大范围调整，实现系统最优，实现结构和布局最优，从而提升物流系统整体保障能力。

物流资源统筹的对象是物流资源。物流资源是支撑物流活动，完成物资筹措、仓储、运输、流通加工、配送和信息处理等物流作业所必须具备的一切有形和无形资源的总和。有形资源包括人力资源、物力资源和财力资源等，能够看得见、易被感知，可直接释放能量，常为人们高度关注；而无形资源包括时空资源、信息资源和关系资源等，没有外观形态，极易被人们所忽视，但是资源丰富，开发应用成本低，产出效益高，并且在一定期限内，能够反复使用，释放出巨大的潜能。

人力资源是指正在从事物流活动和虽未从事物流活动但能胜任物流工作的人。它是物流活动的主体，是构成物流系统的核心要素，对其他物流要素具有主观影响和制约作用。人力资源的开发利用决定着物流事业的成效，主要包括：物流系统各级管理机构的工作人员，进行理论和技术研究的科研人员，从事物流教育、训练、宣传的工作人员，以及专业化的保障队伍等。

物力资源是指能够支撑和正在支撑着物流活动的，且向其保障供应的各类物质资料。它是物流系统中其他资源存在的客观基础，是实现物流运作的工具和物质基础条件，是物流活动不可缺少的物质条件。主要包括：物流基础设施、设备、运输工具和各类物资器材。物流基础设施是指铁路、公路、水路、航空、管道等网线以及铁路枢纽、公路站场、仓库码头、港口和机场等节点；设备是指与物流设施相配套的各类作业机具；运输工具主要指车辆、船艇、飞机等物资载运工具；物资器材指服务于物流作业的各类原材料和器材工具等。

财力资源是指保证物流系统运行的固定和流动资金。在物流运作过程中，表现为价值形态和使用价值形态的转换，主要以等价交换方式向市场购买各种物资和物流服务，使价值形式转变为使用价值形式。主要包括用于物流各项工作的经费。

时空资源是能够为物流主体提供组织物流活动的时间域和各

类空间场所。时空资源是物流活动的重要资源。物流主体将物资暂时储存于仓库中，待需要时再将物资送到客户手中，从而创造时间价值；依靠运输手段将物资从供应地运送到需求地，从而创造空间价值。物流时空资源是可以相互转化的。随着现代科学技术在物流领域中推广应用，时空资源的价值也在发生着深刻变化。

信息资源是与物流相关的内部和外部信息。信息资源既反映物流活动的真实情况，又为物流系统了解物资需求、科学决策、计划协调提供支持，对于提高物资保障能力具有重要作用。信息是物流系统的激活剂和营养剂，信息可以使死物变成活物，也可以使活物变成死物。充分开发利用信息资源，应引起物流业者高度重视。主要包括：物资需求信息、存储信息、运输信息、交通信息、配送信息、教育训练信息、科研信息、技术信息等。

关系资源是指由物流系统内部诸要素或系统与外部相关系统之间相互作用、相互影响的状态所产生的一种特殊资源。关系资源是物流其他五大资源之间联系的桥梁，它既有整合其他资源的协调作用，也具有反作用。实质上物流资源统筹和协调的根本目的，就是解决各类资源的关系问题。从这个角度看，物流系统是开发利用关系资源的有效手段。主要包括：物流系统规模与结构的关系、全局与局部的关系、当前与长远的关系、需求与供应的关系、单元与集成的关系、军用与民用的关系、功能与效益的关系，等等。关系资源具有广阔的开发利用前景。

物流资源的复杂性和有限性决定了统筹的必要性，而物流资源的关联性又决定了统筹的可行性。物流资源中既包括了人力、物力和财力等有形资源，又包括了时空、信息和关系等无形资源，由于物流资源构成复杂，属性不一，客观上要求对各种物流资源进行整合。同时，在各类资源之间又存在相互关联和依存的关系，有形资源经过长期的运用，能够提炼升华为无形资源，无形资源在特定的条件下与有形资源相结合，亦可以转化为巨大的有形资源，而且物流资源因功能作用不同而相对独立，又因相互的关联而成为一个整体，这就为物流统筹提供了可能，使两者相辅相成，互促互转，共同为物流服务。

物流统筹具有自身独特的基本属性。一是统筹目标具有复合性。物流资源统筹所追求的目标具有复合性，首要的是经济效益，然后还有社会效益，根据其从事的保障活动还可能包括政治效益和军事效益。物流资源通常是通过快捷、低成本的流通渠道，提高产品的竞争能力，谋求经济效益。二是统筹工作具有先行性。"兵马未动，粮草先行"是兵家共识，而实际上任何物流活动都需要预先准备。特别是当前的抢险救灾、应对公共卫生安全事件等，具有突发性，对应急物资保障工作提出了更高的要求。物流资源的统筹工作，在时间上，要加强物流人力、物力、信息等方面的快速准备；在空间上，要统筹各类物资的预置，才能在较短时限内完成物资保障的各项任务。因此，物流资源的统筹工作必须从时间和空间上先行一步。三是统筹对象具有关联性。有形资源与无形资源，虽然存在的形态不同，功能各异，但两者之间互为依靠，相互转化。在整个物流系统运作过程中，人力资源是物流系统的主体，也是物流活动的执行者，它通过对信息资源的运用，使物力、财力资源满足特定的时空要求，以实现时空价值，而关系资源则是上述五类资源实现有效运作的联系。物流资源因功能作用不同而相对独立，又因相互的关联而成为一个整体。四是统筹关系具有复杂性。这里的关系是指客观的社会现象，而不是社会上所鄙视的那种所谓的庸俗关系。物流是一个复杂的巨系统，与社会生产系统之间具有隶属关系、保障关系等；物流运作环节筹措、仓储、运输、配送、流通加工、信息系统之间具有利益关系、承接关系；军队物流资源与地方物流资源之间也具有相互支援、互促共进的关系。各方面的关系纵横交错构成了它的复杂性，而正是这种统筹关系的复杂性，也决定着统筹工作的价值。

物流大局观决定着物流统筹的成败。物流统筹必须要站在最高层次来统揽全局，从整个物流的全局利益出发。军地物流资源统筹，需要着眼军民融合式发展的国家战略；区域物流资源统筹，需要服从和服务于国家物流的总体目标；企业物流资源统筹，需要适应社会物流市场的需求和未来发展。物流统筹从全局出发，搞好顶层设计，抓好计划协调，使物流系统的总体目标适应外部大环境的发展，同时又使物流系统内部各分目标服从于总目标。反之，如果只是站在本位的角度，则难以与全局的目标相一致，也难以形成物流系统的整体合力，从而导致统筹协调的失败。

追求整体效益最佳是物流统筹的灵魂。物流整体效益的衡量，一种情况是在物流资源已定，如何取得更大的物流保障成果，更大限度地提高物流服务能力，更有效地保障用户的物资需求；另一种情况是在物流服务目标、所要达到的保障水平已定，如何使各类物流资源消耗更少。总之，物流整体效益考量的是投入与产出的比值。物流统筹所追求的目标在于实现物流系统的整体功能，通过组织协调，使物流系统各子系统的安排服从于整体的需要，使物流各专业、各种力量实现最佳组合，在动态中保持平衡，协调一致的行动，形成合力。所以说，追求整体效益的这种意识，不仅仅是一种目标，更是一种融入物流系统内部各环节、各要素的灵魂。

统筹规划是物流建设和管理的常规手段。在物流决策层，需要通过统筹规划，科学决策物资储备方针、储备布局、运输发展战略，统一制定物流政策法规、管理标准、管理制度及技术规范。在物流管理层，需要通过统筹计划，搞好本职范围的物流系统的建设，监控其业务，确保其目标的实现；调整完善一体化物流法规，制定具体的物流管理措施；综合分析物流信息，能够真实反映物流系统运作的实际，实现物流信息的全程可视；组织物流效益考核，改进物流技术，提高物流质量等。可见，统筹规划在不同层次的物流组织机构都有广泛的应用，是各级常用的一种科学方法。

物流统筹以协调为主，必须创建相应的机制。物流统筹关键在于物流关系资源的协调，而理顺物流内部与外部错综复杂的关系，需要有效的运行机制，以确保物流统筹在科学的轨道上有效运作。因此，必须把机制创新作为推进物流统筹的重要措施，要以发展的眼光、科学的态度、务实的精神，不断深化物流改革，实现国家、军队和社会物流资源的有效整合。首先，要建立健全信息沟通机制。强化社会物流系统各个部门之间的沟通协调，加强信息沟通协调，主动交流物流经验，合力研究物流资源统筹有关重大决策，协商解决相关矛盾问题。运用现代信息技术，建立统一的信息交换协议、数据内容格式和接口技术体制，规范信息流程和流转渠道，实现信息互联互通和实时共享，力争做到物流系统横向专业信息畅通、纵向流程信息无阻是加强信息沟通的重要手段。其次，要建立健全联合科研机制。依托全国性的物流学术团体，搭建物流学术交流平台，增进各方专家学者之间的沟通交流，实现学术研究成果的共享；构建物流科研协作网，优化整合大专院校、科研单位和地方企业等物流科研力量，有效发挥物流科研力量各自的优势，组织科研合作和集中攻关，增强科研成果的实用性和针对性；建立横跨各方的协调机构和权威的专家委员会，按照一定周期发布物流科研指南，指导和引领物流联合科研，确保物流科研在正确的方向上前行。再次，建立健全物流设施协作共建机制。建立重大项目"共建、共管、共用"机制，通过签订物流战略合作协议，协调地方政府、企业投入建设资金，按照"战时应战、急时应急、平时服务"的要求组织重大基础设施建设，实现"一份投入，两份产出"的目标；明确签约各方在经济建设和国防建设两个方面的职责、权利和义务，实现风险共担、互利共赢，确保物流协作共建机制持续、健康、稳步发展。最后，建立健全物流力量协调使用机制。按照综合集成、集约高效的要求，充分依托物流一体化信息网络平台，强化各级物资管理综合部门的协调职能，进一步调整职能、明确责权、理顺关系、精简程序，拓展对物流资源力量的组织计划职权，加强各专业物流主管部门的沟通和衔接，尝试开展"联储、联运、联供"，优化配置社会物流力量，实现协调使用。

三

物流统筹的发展方向必须与物流系统的发展战略相适应。物流系统的发展战略是物流系统建设与发展的根本指导，规定了物流系统发展方向和总目标，涵盖了物流系统未来发展的基本原则和重要步骤，是物流系统建设的基本遵循。物流统筹要从整个物流系统战略全局出发，统筹协调物流系统总目标与分目标，使分目标能够服从和趋向于总目标，形成合力。物流统筹必须服从于物流系统建设的总目标，并着眼总目标进行统一全面的组织协调。因此，物流统筹的发展方向，要以物流系统的发展战略为中心，适应其未来的发展变化，只有这样才能使物流统筹真正有的放矢，同时物流统筹的未来发展也将对物流系统的发展战略具有补充和推动作用。

军地物流统筹是现代物流的总趋势。国防建设与经济建设相协调，实现军民融合式发展是当前乃至未来发展的总方向，军地物流一体化则是其重要的组成部分。从物流所要实现的目标来看，地方物流以追求经济效益最大化为目标，而军队物流以军事效益为主、适当兼顾经济效益，两者反映的是在社会物流中的不同作用，具有很强的互补性，而且还具有很强的兼容性和互通性。只有地方物流具有了强大的流通能力，实现了快捷、高效、可靠、经济的目标，军队物流在运作中才能有所依托。同时，军队物流建设中有很多国家重要的战略性基础项目，具有军地两用性，能够为地方物流提供坚实的支撑。所以，军地物流目标的一致性，为军地物流统筹提供了可行性，只有军地物流实现资源统筹，才能最大限度地优化配置社会资源，减少重复建设和浪费闲置，实现军地物流的有效衔接。

无形资源的开发利用是物流统筹的发展重点。随着知识经济时代的到来，物流无形资源在社会经济生活中的地位日益重要。相对于有形资源而言，无形资源的开发利用有其独特之处。第一，资源无形，易被忽视。由于没有实物形态，特别是在企业发展的初期，很容易被人们所忽视。第二，资源无穷，源源不断。典型的物流无形资源如专利、专有技术、经营许可权以及商标等，可以在一定期限内反复使用，蕴藏着无穷的资源存量。第三，开发成本低，产出效益高。在激烈的市场竞争中，物流无形资源已经成为物流企业第一位的生产要素。第四，一旦固化，经久不衰。物流无形资源一旦形成并融入物流企业运作过程，必然会产生和积累价值，释放出巨大的经济潜能。因此，开发物流无形资源是物流事业发展壮大的重要步骤，要敢于创新，勇于创新。

　　以物联网技术为代表的信息技术的飞速发展及在物流中的大面积应用，为物流统筹注入了蓬勃的生机与活力，为物流统筹插上了腾飞发展的翅膀。

卷 十 一

物流安全篇

  随着科学技术的飞速发展，物流系统的设施设备日益改善，物流系统所承载的物资数量、品种不断增加，物流系统运作也更趋精细化，同时影响其正常运转导致不安全的因素也随之增加，从而对物流安全提出了更高的要求。从一定意义上讲，物流科技越发展，物流运作安全越脆弱。物流安全不仅决定着物流的质量与成败，而且影响着物流服务对象的生存与发展。因此，必须对物流安全格外重视，悉心研究掌握其内在规律，以指导物流实践。

一

物流安全是实现物流系统正常运转的根本保证。物流系统能否按预定计划正常进行，很大程度上取决于物流安全管理的效果。物流系统的正常运转，首先要保证各类物流人员的人身安全，倘若物流人员自身的安全都没有保障，何谈物流活动顺利开展？物流系统的正常运转，还需要保证物流工作环境的安全，只有各类设备工具以及各种储存保管设施完好无损，才能使整个物流系统的计划、准备、实施、技术保障等各项活动有序运行。物流系统的正常运转，更需要保证各类物资的安全，只有在物流运转中物资不损坏、不变质、不丢失，才能保质保量地完成物流的任务。任何忽视物流安全的行为，都会造成危害。一旦发生事故，不仅造成物资的损坏、人员的伤亡，而且影响物流系统各项任务的完成，使整个物流活动陷入困境。

物流安全是实现物流系统保障效益的基础。物流系强调综合集成和整体优化，势必要求系统中的每一个子系统、每一个环节都要保持正常的运转，以实现以最少的人力、物力、财力取得最大的保障效益。如果物流系统中的某一个子系统或者环节出现问题，势必影响整个系统的功能，从而造成巨大的浪费，更无保障效益可言。一次恶性事故造成的经济损失和社会影响，对物流系统未来的发展建设造成的危害是难以估量的。平时，物资的不安全会造成直接的经济损失；危机时刻，物资和物流人员的不安全，将会造成巨大的负面影响。因此，保证物流安全是物流系统取得良好效益最基本的条件。

二

物流安全是指预知物流系统运作过程中存在的固有或潜在的危险，以及为消除这些危险所采取的各种方法、手段和行动的总称。安全和危险是对立统一的，研究物流系统的安全程度，往往通过对物流系统产生危险或存在潜在危险因素的分析来确定。物流安全涉及面广，必须正确把握影响物流安全的因素。按照物流系统的构成来区分，影响物流安全的因素主要包括：人员、物资、设施设备、环境、信息、管理等。

人的因素。物流各类人员，特别是物流领导和业务管理人员是影响物流系统安全的主要因素。物流管理人员的思想觉悟、安全知识水平、作风养成情况、功能发挥状况以及发现事故隐患及解决处理问题的能力，都直接影响着物流系统的安全状态。物流操作人员的思想觉悟和技术水平，也是影响安全不可忽视的因素。人的不安全行为与不安全环境在某一个时空点上交汇时，必然会产生事故。

物资的因素。物资对物流安全的影响，主要是由其理化性质所决定的。为保障物资安全，要必须创备相配套的储存条件，采用适宜的装卸搬运方式及检查维护手段，只有按物资的理化性质进行物流运作，才能避免各类物资事故的发生。造成物资安全问题，不在于物资本身所具有的影响安全的某些理化性质，而在于管理者和使用者不深知其理化性质以及不能对其危险的理化性质实施有效的控制。

设施设备的因素。设施设备是物流系统安全运作的物质基础。

设备设施结构合理、性能可靠，及时维修且状况良好，不超负荷运行，不违规使用，则能够保证物流系统的安全运作，反之，则可能导致事故的发生。

环境的因素。可分为自然因素和社会因素。自然因素包括雷击、洪水、台风、温湿度、虫害等诸因素。倘若对上述因素不加控制，则可能导致物资、设施设备和人员发生事故。社会因素主要是指物流力量所在地的社情和疫情。社情复杂或治安情况不好，就可能出现物资被偷盗、仓库设施遭破坏，如果疫情严重，就会对物流人员的健康造成威胁。

信息的因素。信息是物流系统正常运转的重要条件，要保证物流信息正常地获取、处理、传输、控制和使用，防止物流信息被窃取、干扰、破坏。信息安全涉及专业的人才队伍、信息安全保障体系、信息系统的安全设计及网络信息安全等。信息保密是物流信息安全的重点，在资源共享过程中，应根据人员岗位的等级，确定涉密权限，对信息资源进行分类管理。

管理的因素。良好的管理是保证物流正常运行的重要条件。由于主客观原因所造成的管理不善，是危及物流安全的重要因素。在物流管理中，管理思想是否先进，管理制度是否健全，管理措施是否落实，管理秩序是否正规，都是影响物流安全的重要因素。安全管理的职能就是及时消除不安全因素，做好防盗、防火、防爆、防中毒、防自然灾害等，以保证人员、物资和设备的安全。

正确处理物流安全的六大关系，是保证物流系统正常运行的根本。一是人与物的关系。合理区分人与物在物流安全中的重点，在容易造成人员伤害的工作条件下，应强化对人的安全管理；在设施、设备和所储物资容易被损坏的情况下，要强化对物的安全管理。二是软与硬的关系。安全设施等硬件建设是物流安全工作的一个重要基础条件。如果硬件建设不行，要想确保安全就十分困难。但是单靠硬件建设并不能完全解决安全问题，必须加强软件建设，制定相应的规章制度和具体的管理措施。没有与硬件建设相配套的软件建设，再先进的安全设施也只能是"聋子的耳朵"。因此，物流安全既要搞好硬件建设，也要注重抓软件建设，只有"软硬兼施"，才能发挥良好作用。三是防与治的关系。处理好防与治的关系，对物流安全至关重要。以防为主，防治结合是必须遵循的原则。预防事故是物流安全的目标，但由于事故本身的偶然性较强，加之人们对事故原因的认识毕竟有限，完全避免事故的发生几乎是不可能的。事故发生以后，应当正确对待加强治理，切忌全盘否定。治理重在分清事故责任，查明原因，找到物流安全的薄弱环节，防止事故的再度发生。四是始与末的关系。物流安全是一项长期的工作，既要抓好物流安全的当前工作，又要处理好物流安全的长远建设，避免急功近利的短期行为和阶段效应。特别是在物流安全工作领导人和责任人更替的时候，要建立"安全工作交接班制度"，处理好始与末的关系，断不能给今后留下事故隐患。五是表与里的关系。物流安全既有相关制度、措施的制定又有具体的执行和落实。制度措施制定的合理完善，操作性和针对性强，才能成为物流安全工作的依据和指南，但是如果只是把它们贴在墙上，挂在嘴上，流于表面，还是难以发挥作用。因此，要紧紧抓住物流安全的本质，只有将各项制度措施落实到实际工作中，才能发挥其本质作用。否则，就可能"表里不一"或"本末倒置"。六是疏与堵的关系。对于物流安全隐患必须疏堵结合，"疏"即通过系统的教育使物流人员真正认识到物流安全的重要性，掌握物流安全的专业知识，疏导化解可能发生的安全问题。"堵"则需要各级物流人员的自觉管理和密切配合，堵塞可能发生的漏洞，防患于未然。只有处理好疏与堵的关系，才能达到事半功倍的效果。

确立科学的物流安全工作思路。物流安全是一项长期性、经常性的工作，要有明确而科学的工作思路，区分工作阶段，抓好物流安全的落实。物流安全可以沿着定期分析安全形势、建立健全物流安全制度、加强全员安全思想教育、组织安全专业培训和演练、定期进行安全检查、制定安全措施方案、督促落实安全工作的思路，规范工作流程，逐步形成良性循环，不断提升物流安全工作的整体水平。

物流安全事故的发生，通常是由非安全环境的变化轨迹与非规范行为曲线相交所产生的。加强物流安全，必须科学认识事故条件与非规范行为之间的关系，进而有针对性地建立危机规避机制，如预警预报机制、自动排查机制等，控制事故条件发展至危机多发时空域，管控、诱导非规范行为远离事故多发条件，隔绝二者在安全危机多发时空域的恶性交错，才能彻底清除安全隐患，真正实现物流安全。

安全技术对物流系统具有支撑作用。以物流安全为中心内容展开的技术措施，对于确保物流质量，实现物流目标具有十分重要的价值。特别是以物联网为核心的射频识别、传感器、智能芯片和无线传输网络等技术，将标识、感知、处理和信息传递等技术运用于物流安全，在防盗方面，扩大探测范围，提高探测的精确度；在消防方面，对易燃物资设置特殊的防护措施，对温度测试并加以防护，杜绝火灾隐患；在防雷、防静电方面，尤其在专用仓库广泛应用防雷防静电技术，进一步增加物流系统的安全性。安全技术作为方法手段，是安全作业、保证物流质量的必备条件。

倡导标本兼顾的辩证安全观。物流安全预防事故，既要诊治事故之标，又要研究事故之本，断不能头痛医头、脚痛医脚。事故的成因，往往是多因素的，而诸因素之间又相互关联，唯有辩证地分析这些内在联系，找准事故产生的本质原因，才能对症下药，从根本上康复物流肌体。当然，在其表象十分严重的情况下，比如发生了火灾，我们理所当然应该先治表象，先将火扑灭，再寻其本质原因，采取有效的预防措施。

倡导预防为主的主动安全观。物流安全重在预防，而不是事后补救或查处事故责任人。物流事故的发生都要经历一个由量变到质变的过程，如果在量变的过程中就能够发现事故的征兆，及时采取措施，事故的质变就能够避免。要积极倡导主动预防，善于发现事故苗头，主动捕捉事故苗头，找准物流安全工作的薄弱环节，变被动应付为主动预防，防患于未然。

倡导综合治理的系统安全观。物流安全是一项系统工程，需要对整个物流系统中人、物和环境因素进行综合的分析，了解其在物流系统中的作用及影响物流系统安全的实质，找出物流系统中的危险因素，消除事故的隐患，实现物流系统安全的目的。如果把物流系统中某些事物的安全问题孤立起来看，往往难以全面把握事故隐患。把物流系统看作一个有机整体，使分散的部门、组织有机联系起来，分析系统内存在的危险因素，进而采取相应的措施，使物流系统综合达到最佳安全状态，共同实现系统安全目标，这是对传统分散安全观的一个新突破。

倡导良性循环的动态安全观。从积极预防事故的角度看，物流安全是一个动态变化的过程，即由预知危险和消除危险构成的循环过程。为保证物流系统人、财、物不受伤害或损失，首先要预知物流系统运作过程中存在的固有或潜在的危险，然后为消除这些危险采取各种方法、手段和行动，两者缺一不可。物流安全这种不断地去认识危险和防治灾害的过程，构成了一个动态的良性循环。静止地看待物流安全，刻舟求剑式地寻找安全措施，都是十分有害的。

战略储备安全是国家安全的重要内容。战略储备具有调节国民经济的重大紊乱，处理重大自然灾害和突发事件，备战备灾为人民的重要作用，是使国家的生存与发展免于危险或威胁的重要行为。战略储备体现了国家的实力，就像一把利剑，不仅示敌以强大，震慑敌胆，迫使敌方望而生畏，而且可以壮我军威，鼓我斗志，激我豪情。战略储备的重要性，决定了战略储备安全的重大价值。对此，军地物流界绝不可掉以轻心。

信用约束机制安全是社会物流运行的重要条件。社会物流是一种信用物流，如果没有信用约束机制，社会环境不安全，物流系统之间、企业之间就难以正常地进行物资利益的市场交换。只有真正建立起具有信用的市场，形成有效地信用监督机制，物流诸方严格履行合同义务，才能保证社会物流运行中的利益安全与实现。加强物流经济行为约束的"无形的手"，才能确保社会物流的公平与守信。

三

人本安全是物流安全未来关注的焦点。物流安全取决于各种因素，但最根本的是物流人员，包括物流系统的领导者、管理者以及执行者。人是物流安全的主体和执行者，物流安全制度的落实，各种安全设施的使用和监控，都需要通过人去实现，人是实现物流系统保持安全状态的决定性因素。抓物流安全要坚持以人为本，发扬人的主体精神，增强人的主观能动性。人本安全重在增强物流群体意识，弘扬团队精神，调节群体行为，追求整体优势，努力营造讲安全、创安全的良好氛围。

安全评价系统是保证物流安全由低级向高级发展的重要抓手。安全评价是由检查、分析、计价、修订、制定新方案（目标）构成的良性循环过程。安全评价系统的运行，需要针对物流系统运行的实际，构建合理的安全评估指标体系，明确评估方法，量化评估结果，确保安全评估结果具备科学性、准确性和对现实工作的指导性，使物流系统逐步达到最佳安全状态，实现物流安全由低到高的发展。

以法管流，依法治流，乃是物流安全的基本发展趋势，也是物流安全思想的重要体现。健康的法制环境，是物流安全运行的可靠保障。无法可依，或有法不依，执法不严，则物流活动必然陷入无序混乱状态，而这种无序混乱状态的物流，势必给社会造成危害。

卷 十 二

物流环境篇

　　物流环境是指物流活动外的一切事物的客观条件。物流活动总是在一定的环境中展开，脱离环境的物流活动是根本不存在的。物流环境影响着物流系统生存和发展，制约着物流的质量和水平，甚至影响着物流未来的发展方向。因此，善待物流环境，改善物流环境，是值得物流界高度关注的重大课题。

一

物流环境与物流活动息息相关，它构成了物流活动的空间和条件。物流环境全方位、全流程地作用于物流活动，影响着物流系统诸要素的质量和正常运行。物流环境对物流人员的身体健康、心理健康以及工作效率产生很大的影响，这种影响既可能是自然因素引起的，也可能是社会人文因素所造成的。物流环境对物流设施的技术状态、使用寿命以及工作效率产生重要的影响，这种影响既可能是工作环境温湿度的原因，也可能是工作氛围所造成的。物流环境对物流管理的思想、制度、技术以及方法都会产生影响，这种影响既可能是外界大气候所推动的，也可能是物流系统内部因素所酝酿产生的。

良好的物流环境能促进物流系统成长壮大，而恶劣的物流环境则阻碍物流系统的运行与发展，良好的物流环境则对物流人员、物流设施以及物流管理等具有积极的促进作用，保证物流系统的正常运转和发展进步。良好的物流环境，能够激发物流人员奋发上进，激励物流工作者开拓创新；能够保障物流人员的健康，利于工作、生活和学习；能够鼓舞斗志、激发物流人员上进心，使其集中精力开展业务；能够提高物流人员的工作效率和学习效率，减少事故。良好的物流环境，能够延长物流设备的使用寿命，改善物流设备的技术状态，提高设备的使用效率。良好的物流环境，能够促使物流管理思想的转变，推进物流管理制度的变革，引进先进的物流管理技术，使物流系统实现管理效能的最优化。良好的物流环境有利于促进物流目标的实现。

二

考察物流环境的特点，断不可忽视它的复杂性、系统性、动态性。物流环境的复杂性，指物流系统所处的环境十分复杂，既有自然因素，又有社会因素，而且两大因素往往交织在一起，错综复杂。物流环境的系统性，是指物流环境复杂，诸因素之间相互依存、相互联系，形成了一个庞大的环境系统，只有用系统的观点和方法认识环境、研究环境，才能获得正确的结论。物流环境的动态性，是指物流环境绝非一成不变，而是动态变化的。例如气候环境，今天可能是晴空万里，明天有可能大雨倾盆，应当认识到环境的这种动态变化，以采取相应对策。

考察物流环境，必须对其进行科学分类。不同的分类依据和方法，会得出不同的分类结果。依据环境属性来划分，物流环境可区分为自然环境和社会环境两大类；依据环境刚度来划分，物流环境可区分为硬环境和软环境两类；依据研究面来划分，物流环境可区分为宏观环境和微观环境；依据管理权限来划分，物流环境可区分为内环境和外环境。如此等等，不一而足。现列举几种典型的物流环境，分析如下。

人际关系环境，是由物流各类人员之间相互作用、相互影响而形成的一种典型的软环境。人际关系大致可包括三种类型：一是领导与被领导的关系，是物流人际关系的主要形式。领导者对被领导者的工作、学习、生活加以指导，组织被领导者一道完成物流任务；被领导者接受领导者发出的指示，发挥自己的聪明才智，努力干好本职工作。在完成任务过程中，两类因素或协调一致，或存在矛盾，从而形成领导与被领导的关系。二是同事之间的关系。同在一个物流系统工作，职务级别并无差异，只是为着完成某类物流业务而结合起来，两者之间既可能相互信任、相互关心、相互支持和互相帮助，也可能互不信任、相互争斗、尔虞我诈，从而形成了一种同事关系。三是家庭成员的关系。物流人员总是生活在一个家庭之中，良好的家庭关系，有利于物流人员的身心健康，有利于提高工作效率和学习效率。由上述三种人际关系共同形成的一种物流环境，对物流建设与发展产生着重大影响。它是一种无形的宝贵资源，应当高度重视这类资源的开发利用。

自然环境，是由自然因素形成的一种典型环境。主要包括：气温、阳光、雨露、山水、草木、雷电等基本要素。自然条件变化，给物流工作造成巨大影响。高寒地区的汽车运输问题，高温地区的油料储存问题，雷雨天气下的物资收发问题，沙漠地区精密仪表的养护问题等等，都是物流系统在特定自然环境下关注的焦点。应当认真对待自然环境的影响，分析其内在联系，找出影响物流的关键因素，以便采取切实可行的对策。

硬环境，是指为了满足物流活动的需要，所必须建造的各类设施和设备，并由此构成的工作、生活以及文化娱乐环境。良好的工作环境，可以促进工作效率的提高，可以避免各类工伤事故的发生，可以提高物流工作质量，反之，则可能导致工作效率降低、安全事故隐患。生活环境和文化娱乐环境与物流人员的生活息息相关，公共食堂的伙食条件、公共浴池的供水情况、健身房文体室的建设等，都是直接影响物流工作者情绪的重要因素。生活环境和文化娱乐环境改善得好，无疑会产生强大的凝聚力和吸引力，吸引更多优秀人才安心于物流事业。

软环境，是由非物质因素形成的环境，由人员的晋升奖惩制度、物流管理规章、物流科技、物流教育、物流学术研讨等要素所构成的客观条件。物流软环境的良性构成，有助于营造催人奋发、良性竞争的氛围。构建物流系统的软环境，一要制定并践行奖勤罚懒、激励创新、鞭策保守的规章制度；二要制定并推行鼓励物流人员敢于在技术上"冒尖"、激励科技进步的科技政策；三要规范物流教育的机构、物流课程的设置、物流人员的培训，形成科学化的教育培训体系。

物流环境的评测是物流决策的前提和基础。物流系统所处的社会环境和自然环境随时间的变化而变化，跟踪环境变化，及时评测物流环境的发展趋势，对于物流系统的科学决策和计划运行十分必要。欲评测物流环境，首先要确立环境评测目标，只有搞清楚物流系统所要实现的目标，才能够确定物流环境评测的具体方向；然后要采集分析环境信息，通过采集环境信息，建立评测模型，组织评测计算，最终形成结论，为物流决策提供科学依据。

绿色物流是物流系统与自然环境和谐相处的基本理念，是一种先进的物流思想。积极倡导绿色物流有助于物流可持续发展。自然环境是物流活动的基本环境，倡导绿色物流观，关键在于保护自然环境，减少物流造成的各种污染，保持生态平衡。系统解决物流领域中自然环境保护问题，净化物流环境，变不利为有利，变小利为大利，实现物流可持续发展。

诚信守法、厚德待物是物流人的环境信条。物流人作为物流活动的主体，发挥着创建和维护环境的作用。因此，物流人的环境信条决定着人际关系环境的好坏，影响着自然环境、设施环境和各种软环境的质量。诚信守法既是中华民族的传统美德，也是市场经济建设的根本要求。市场经济是一种信用经济，也是一种法治经济。物流人在交往活动中能否保持较高的相互信任，能否较为自觉地恪守法律责任，直接决定着市场经济的顺利运作。厚德待物，物资无时无刻不在向人类发布信息，物流人要善于倾听物资之情诉，善于解读万物之信息，用其长而避其短。物流人要用耳朵采集环境的声音信息，用鼻子采集环境的气味信息，用眼睛采集环境的颜色形状信息，并用大脑综合分析整合这些环境信息。力争在环境尚未完全释放信息之前，便能通晓其意，除隐患于未然，以奏物尽其用之效。要知道人亲物，则物必亲人；人爱物，则物必报恩于人。人虐物，则物必虐人，置万物之情诉于不顾，狂采乱伐，暴殄天物，则必遭报复。善待万物，善待环境，至善至亲，和谐相处，取之有道，用之有度，是物流人厚德待物的通则，也是保持物流大环境持续健康的根本途径。

物流系统对于物流环境的基本策略，一是适应，二是改造。

对于外部环境，物流决策者要讲求适应。顺应外部环境是物流的生存法则。趋利避害，增强物流系统对外部环境的适应性，乃是物流界值得重视的重要问题。如果物流系统自身的适应性差，不能随着外部环境的变化而进行适当调整，则难以实现物流目标。物流决策者讲求适应，就要强化物流系统的弹性，在设计物流规划和建设物流体系过程中，必须注意留有余地，满打满算甚至超越客观条件发展物流的做法都是十分有害的。实事求是搞建设，留有余地谋发展，是适应外部环境的基本策略。在具体实施中，注意变被动适应为主动适应，变局部适应为全面适应，变劣质适应为优质适应，顺势而为，夺势发展。

对于内部环境，物流决策者要讲求改造。改造内部环境是物流发展进步的基础。物流内部环境的构成要素不同，改造的措施也不相同，应紧紧抓住各类环境要素的特征，采取适宜的方法加以改造。人际关系环境的显著特点是结构复杂，成分多变，精神因素多，改造周期长，因此要突出领导作风改进，强化公平竞争的环境，加强职业教育，提高全员素质，开展积极向上的文化娱乐活动。物流硬环境的改造，对于物流人员的办公设施和生活设施，应当列入总体建设规划，针对物流工作特点，改进建设工艺，改善生活条件和工作条件。综合配套，功能齐全，应成为这类环境改造的终极目标。物流系统内部环境的改造，要根据现有的物力和财力，合理设计改造计划，分步骤地组织力量抓落实。

对于宏观环境，物流决策者要讲求适应。物流宏观环境经历了一系列的深刻变化，从基本的物资分配到物资的运输存储，再到国内的物资供应链，跨国的国际物流，物流的规模范围逐步拓展，物流的手段更趋信息化智能化，物流的服务模式也日趋个性化和多样化。面对国际和国内物流环境，物流决策者应认真分析其有利条件和不利因素，为物流系统建设寻找和挖掘更多的机遇。只有学会适应宏观环境的变化，主动迎接挑战，善于抓住机遇，才能推动物流系统快速发展。

对于微观环境，物流决策者要讲求改造。物流决策者要准确把握物流系统内部筹措、运输、仓储、配送、流通加工以及信息处理等运作环节和子系统中的微观环境，正视在系统运作中的具体问题和现实困难。只有不断地解决现实问题和克服困难，不断优化物流系统的微观环境，才能快速提升物流系统的保障能力。

软硬并举是开发利用物流环境资源的基本策略。物流环境的硬件与软件是相辅相成的，两者不可偏废。硬件建设是物流环境的物质基础，如库房、交通设施等，都必须统筹规划，扎实建设；而软件建设人为因素多，环境效应慢，易被忽视，因此更要认真对待，积极开展物流系统培训，加强物流学术研究，开发科技成果，倡导高品位物流管理。只有坚持软件建设与硬件建设相互促进，协调发展，才能有效开发利用物流环境资源。

三

先进技术的广泛应用使物流环境的感知与监控更趋精确。跨入信息时代，以物联网技术为核心的网络信息技术在物流领域得到广泛运用，不仅消融了物流各子系统之间的"信息围墙"，而且将各个实体的信息"孤岛"有机地连接在一起。通过温、湿度测控以及安全防护技术等的综合应用，使对物流环境的感知更加细微，处置也更加智能化；通过网络数据交换，对物流环境由过去的"节点"式感知逐步拓展为从供应商到最终用户的全域、全程可视可控。可见，对物流环境的感知与监控将更趋可视化、精确化。

倡导天人合一的物流自然环境观。放眼考察物流的发展趋势，物流只有紧密依存于大自然环境，才能有效地吸取能量，吸纳营养来壮大自己；倘若只顾自身的发展而无视大自然生态环境的保护，势必会招来大自然环境的报复和惩罚。物流应当自觉地融入这个宏大壮阔的自然环境中，检点自己的行为，有意识地约束自己，减少因物流运行带给环境的污染和破坏；应当倡导天人一体的先进物流思想，充分利用"天时地利人和"为我们营造的良好条件，顺畅和谐地去发展物流；应当尊重科学、尊重真理，严于律己，尽心尽力地推动现代物流踏入天人一体的美妙境地。

诚信和谐是物流社会环境发展的美好愿景。从供应商到最终用户，整个物资供应链条上每个实体间的相互协作和合作双赢的良好氛围，是物流人孜孜以求的社会环境目标。这种良好氛围的核心在于诚信和谐。诚信是人类合作秩序的基石，如果人与人之间普遍性地缺乏起码的信用与信任，不仅日常生活寸步难行，而且物流业务难以展开，当然更谈不上物流系统中各子系统之间的无缝链接。和谐是建立在充分尊重每个社会成员自主选择的权利基础上的，追求自身利益而又各得其所的局面。物流社会环境实现诚信和谐，倡导的是物流伙伴之间宽容精神、合作理念和责任意识。其目的是构建社会多元化基础上的和谐，社会开放和流动中的和谐，社会公平竞争中的和谐。在市场经济和开放社会的条件下，推进诚信和谐的物流社会环境发展，要立足于竞争中寻求合作，竞争中实现双赢；分歧中寻求均衡，分化中实现整合；通过规范市场秩序，健全利益公平均衡机制，实现诚信和谐的物流社会环境。

维护环境，净化环境，创造文明的物流环境是物流领域亟待开发的课题。要积极开展物流环境的研究，只有深刻认识物流环境的变化规律，才能更加有效地适应并发展物流环境。要积极开展物流环境学术研究，积极拓展物流环境科学的新领域，促进物流环境学术之花盛开。

卷 十 三

物流信息篇

　　信息者，万物之神经也。物流信息，是物流领域内某个事物状况的表达。动物和人遇喜事而雀跃，遇悲哀而号啕，善于表情达意。物资虽不如此张扬，但也绝非无动于衷。树木遇寒风而瑟瑟，遇春雨而哗哗；机器遇潮湿而生锈，得保养而欢歌，难道不是其情之所诉吗？情之表达，实则传递信息也。凡物资，无时无刻不在向人类发布信息：或述说其用途而请战，或倾吐其遭遇而寻求保护；或因怀才不遇而愤愤，或因环境适宜而愉悦。高明之士总是善于倾听物资之情诉，总是善于解读万物之信息，用其长而避其短；更高明之士则于物资释放信息之前，便能通晓其意，除隐患于未然，以奏物尽其用之效。

一

物流信息是一种宝贵的物流资源。物资信息是支撑物流活动，完成物资筹措、仓储、运输、流通加工、配送和信息处理等物流作业所必须具备的一种无形资源。物流信息反映物流活动的真实情况，为物流系统了解物资需求、科学决策、计划协调提供支持，对于提高物资保障能力具有重要作用。失去物流信息，物流系统则陷入"盲人骑瞎马，夜半临深池"之危境。

物流信息促进现代物流系统的形成和优化。传统的物流活动早已实际存在，由于技术或管理体制上的原因，传统的物流活动，被分散在不同的专业和领域，如筹措、仓储、运输等涉及物资静态与动态的活动。随着计算机、互联网等信息技术的群体性突破，广泛应用于物流作业和管理活动，使得物流信息不再局限于某一个物流环节，而是通过信息的共享，使得物流活动围绕用户需求，逐步实现一体化的集成运作。信息资源的共享使得原本互不隶属、相对独立的组织机构在实施物流服务时，协同更加紧密，形成一个有机整体。信息在物流机体上这种穿针引线作用非常重要。从一定意义上说，正是物流信息的发展，使传统的各个物流环节或者单元连接得更加紧密，逐步联接成为一个新的整体，逐步推动和优化系统趋于合理，形成现代物流系统。

物流信息对物流运行模式与机制产生巨大影响。传统的物流活动受信息迷雾的限制，需求模糊、沟通困难，致使物流活动缓慢，所以传统物流通常采取"推式"运行模式与机制，即物资主管部门下达采购计划，物资按层级由上至下运送，最后到达用户手中。现代信息技术的发展，物流信息能够可靠、及时、准确地传输到物流的各个环节，使物流系统可以根据用户的需求和市场资源信息，合理优化物流环节、制订优质的物流方案、选用合适的物流设备，满足用户适时、适地、适质、适量的要求。目前，一种基于用户需求的"拉式"运行机制，悄然而生，物流信息在各个物流组织机构间实现共享，使得物流从供应者到用户的过程变成一个透明的管道，传统的物流活动从一个局部的环节变成了整个系统化、全程化的活动，并且能够根据充分的信息进行分工和相应职能定位，进行规范化的专业运作，从而从根本上实现了物流运行模式与机制的巨大变革。

物流信息为物流组织的重构奠定了基础。物流信息化是专业化第三方物流系统的催生婆。传统的物流活动由于信息的制约，各组织机构通常互不隶属，彼此间也缺乏强有力的联系，物流过程难以进行系统的协调、组织与管理，也就无法形成一体化的系统运作。信息技术的发展为现代物流作业与管理模式的引入提供了坚实有力的技术支撑，物流作业与管理模式的更新对传统的物资保障模式提出了挑战，迫切要求改革与现代物流不相符合的组织模式与管理流程。例如，传统仓库进行功能扩展，将其改造为具有接受用户订单、订单管理、自动补库、物流配送等现代物流功能的物资供应中心，其功能横跨物流的多个功能领域，能够对从供应商到用户的物资进行有效管理，这种新型的物流组织的出现，已经并将继续大大改善现有物流系统的效率，提高物流整体水平。

由此可见，将物流信息视作物流生命之本，活力之源，绝非危言耸听。

二

物流信息是把物资的生产、筹措、运输、储存、保管、分发、服务等军事物流全过程有机联系起来，实现物资的供应方、需求方、配送方、储存方等的有效协调和无缝链接的关键，是构造高效率、高速度、低成本的供应链，从而达到物资保障能力整体提高的核心要素。军事物流信息是伴随着物流活动而产生，经过采集、传输、处理、分发形成的"信息流"，它引导和调节着物流的数量、质量、方向与速度，使物流按规定的目标和方向运动。

物流信息伴随着物流活动的展开而发生。具有信息量大、更新速度快、来源多样、标准化程度高等特点。信息量大，在于物流的运作与管理所涉及的范围很广，信息在不同机构、不同层级之间实时沟通与共享，使得物流信息量空前增长。更新速度快，在于社会各种物流作业活动频繁发生，要求物流信息不断更新，而且更新速度越来越快。来源多样，在于不仅包括物流组织内的物流信息，而且包括供应链各成员之间传输的信息，还有与物流活动有关的物流基础设施的信息。标准化程度高，在于为了实现不同系统间信息的高效交流共享，必须采用国家、行业或者地区信息标准，甚至国际信息标准。

物流信息分类多样，从系统论的观点看，物流信息可分为静态与动态两种。静态信息主要反映物流系统处于相对静止状态时的各类属性信息；动态信息则主要反映物流系统处于运动状态时实时产生的信息，有物流系统在运动时产生的新信息，具体表述了系统运动过程与变化轨迹，物流系统为了维持系统本身的运动而与外部发生的实时信息进行交换。

物流信息，是物流领域内某个事物状况的表达。而物流知识，则是对物流领域中某类事物状况的综合表述。物流理论，则是对物流领域中某类事物发生原因及其运行规律的揭示和概括。可见，物流信息是物流知识及理论的基础材料，没有物流信息则难以形成物流知识和理论。重视物流理论知识的发展，务必要重视物流信息的采集和提炼。

物流信息是物流系统的黏合剂，是物流活动的融合剂，也是物流效益的催化剂。把物资的生产、筹措、运输、储存、保管、分发、服务等物流全过程有机联系起来，实现物资的供应方、需求方、配送方、储存方等的有效协调和无缝链接的关键，是构造高效率、高速度、低成本的物流活动，达到物资保障能力整体提高的核心。

物流信息是物流系统的神经和耳目。它是激活物流系统之火种，是沟通诸物流事件的神经。失去信息传递功能的系统必是一个死系统。因此，人们历来十分重视物流信息建设与发展，搭平台以采集处理信息，建网络以传输沟通信息。

物流信息的生命在于质量。而信息的质量在于它的准确性、及时性和完整性。病态信息只会给物流活动带来灾难。要注重采集利用优质信息，剔除各类病态信息。同时，还要注意删除多余的信息功能。时刻保持物流信息的纯洁性和鲜活性。

离开畅达的信息系统作支撑，现代物流将寸步难行。

物流信息讲求准确而全面。失真信息或过时信息只会给物流添乱。倘若依据病态信息作决策，势必给物流事业造成危害。及时采集物流信息，仔细鉴别物流信息，合理加工物流信息，乃是物流信息工作者的重要任务。

物流信息化的灵魂在于实事求是。推进物流信息化建设，论证制定建设目标固然重要，联系实际制定切实可行的措施也非常重要。思物流之所思，想物流之所想，乃是物流信息化建设的指导原则。目标是过河，措施是建桥。仅有正确的目标，没有切实可行的措施，是难以实现物流目标的。

物流信息与物流活动相比较，具有滞后性。从控制或管理的角度看，要求对物流状态进行实时的控制，即物流信息与物流活动的同步化，但要达到这一点，实际上是不可能的。即便在最完善的管理条件下，物流信息与物流活动相比，总带有一定的滞后性。因为物流信息的反馈、分析、整理、决策，都需要一定的时间，而在这一段时间内，物流活动是不能等待的，特别在信息处理效率很低的情况下。因此，物流信息实际是一种物流活动事后状态的反映。由事后物流信息逐步走向实时物流信息，以至做到事前的预测，提出超前的物流信息，是物流信息工作者长期奋斗的目标，必须从物流信息系统、物流管理体制与方法等各方面不断地加以完善，其中有一项很重要的工作就是不断加强对物流信息系统的研制和使用。

物流信息系统的研制关键在于研制团队的组成，只有一个研究领域全面、专业结构合理，且管理与技术合理搭配的成员构成，才能相对准确地把握未来物流信息系统的应用需求。研制团队的构成，第一要有宏观战略管理的顶层设计人才，用以把握物流业务的发展方向；第二要有中观组织协调的管理型人才，用以优化具体的物流业务流程；第三要有微观熟练掌握操作规程的执行型人才，用以检验物流信息系统的可行性和可操作性；第四要有专业的信息系统设计制作人才，用以设计和搭建完善的物流信息系统；第五要有物流专业技术的创新人才，用以借鉴先进的物流技术与装备，实现与物流信息系统的对接；第六要有物流项目的管理人才，以利于掌握整个系统研制项目的进度与质量。合理的研制团队是研发物流信息系统的根本所在。

物流标准化与信息化，合称物流腾飞的双翼。其中标准化建设，又是信息化建设的基础工程。标准化建设的目标在于使物流信息更趋简化，使物流各环节之间更趋通用，以使整个物流运行更加顺畅。物流标准化与信息化是一种社会共同约束的行为，是一个不断规范、不断创新的过程，是一种共同追求经济效益、社会效益及至综合效益的过程。物流信息化与标准化两者相辅相成，制订物流信息系统建设规划，必须要考虑完整的技术标准和管理使用标准。物流信息的标准化建设尤其重要。它是实现物流各子系统、各业务环节信息系统集成，达成信息共享目标的基础性工作，也是物流信息化建设工作顺利推进的重要前提。

强化物流信息化建设是减弱体制障碍、降低体制成本的重要手段。传统物资管理体制各部门分割林立、界线分明，随着互联网和物联网的广泛应用，使信息渠道更加畅通，信息资源得到共享，不同部门之间相互了解增进，协作加强，原有的分割局面日趋融合。加强物流信息化建设，有助于各部门、各层级之间的横向连接，有助于社会物流资源的优化配置，有助于促进体制机制的逐步整合，推动改革步伐的不断加快。

物流信息主要发挥三大功能作用：一是破除三大迷雾，即需求迷雾、资源迷雾和环境迷雾。弄清楚物流需求，物资资源的分布和数量质量情况，以及物流周边环境状况，才能够有针对性地制订物流方案。二是辅助物流决策。只有充分占有资料信息，并对信息加工整理，才能定下决心，订出科学具体的物流实施计划。充分而可靠的物流信息，是避免盲目决策的良方。三是实施科学管控。利用先进的信息技术、卫星定位技术和射频识别技术，能够实现物流全过程的可视可控。

物流信息需要加工处理，多种物流信息的加工提炼，可以产生更有价值的新鲜信息。物流信息的加工再生功能，对于推进物流发展实在功不可没。从一定意义上讲，谁熟练掌握了信息加工技术，谁就能抢先占领物流信息化的制高点。

三

物流需求是信息化建设的原动力。物流是物流信息化的服务主体，物流需求是决定着物流信息化的发展方向。回顾物流信息发展过程，不难得出结论：信息手段随物流发展而变化，而物流发展则随社会进步而变化。古代物流靠人搬肩扛，马拉驴驮，传递信息靠烽火狼烟、驿站飞鸽；机械化时代的物流，靠火车飞机，传递信息靠电话电台；信息化时代的物流，靠机械化作业，传递信息靠计算机网络。足以见得，物流的进步乃是信息化建设之原动力。联想到电子商务之所以进退维谷，皆因物流配送手段落后所致。唯有依据物流需求，选择物流信息手段，选择适宜于物流状态和水平的信息手段，才能真正把物流信息化建设推向健康发展之路。

物流需求是物流信息化建设的导路明灯。失去需求牵引的信息化建设无异于盲人骑瞎马、夜半临深池。反过来，信息化建设又大大促进物流的发展与进步，更高层次地刺激物流新需求。物流需要什么样的信息化，就应当尽量按照实际需求筹划之。物流信息化是为物流服务的。建设物流系统，必须扎实搞好物流信息化建设。那种自恃信息重要而不顾物流实际需求，盲目追求信息技术之功能完备，则必然造成极大浪费且于事无益。坚决克服三大病症：一是中风症。跟风逐浪，随波逐流地盲搞信息化，导致信息化建设成了应景的花瓶，中看不中用。二是近视症。只看到眼前的状况，根本不顾及未来的需求，管近不管远，致使信息化建设投了不少钱，效果却不明显。三是烟囱症。各部门各自为战，物流信息平台四起，烟囱林立，信息不能共享，整个信息化建设仍在低水平徘徊。

智能化物流是物流信息化建设发展的高级阶段。推进物流信息化向智能化发展，是物流信息化建设的趋势。物流机械化解放了物流人的双手，物流信息化则开阔了物流人的视野，增强了物流人的听力，而智能化则在一定意义上代替了人的大脑。信息时代物流个性化的需求，对柔性化的配送保障提出了挑战。智能化物流是解决这一问题的重要途径，通过运用物流先进技术，实现物流方案的自动生成、物流环境的自动监控、物流作业的自动处理、物流业务形势的自动分析、物流作业人员的自动培训、物流设施设备的自动检修，使整个物流系统的人、物、装备、设施之间形成一个良性循环，从而更好地适应外部环境和需求的变化，是智能化物流发展的重要方向。要实现智能化物流，不是一蹴而就、一劳永逸的过程，而应不断地更新思路、更新技术，实现滚动式的发展。

推进物联网技术在物流中应用，是物流信息化发展必由之路。物联网是将所有物资（含各类装备）通过各种信息传感设备，如射频设备、条码设备、传感器、全球定位系统、地理信息系统、电子数据交换系统、安全监控设备、激光扫描器等装置与互联网（或局域网）结合起来而形成的一个巨大网络。其目的是让所有物资都与网络连接在一起，实现物资在任何时间和任何地点与无处不在的网络连接。物联网对于消除物流三大迷雾，实现物流的全程可视可控具有重大的意义，物联网技术在物流领域具有广阔的应用前景。推进物联网技术应用，一要做好人才准备，培养懂物流又懂物联网技术的复合人才；二要做好标准准备，修订完善相关物流技术标准；三要正确处理新老技术的关系；四要做好需求论证工作。

大数据和云计算等新技术的横空出世，宛如阵阵强劲的东风，使得滚滚向前的物流信息化扬起了新的征帆，对此，物流工作者必须予以高度关注。物流具有博大的胸怀，呼唤着崭新配套的物流信息技术，应尽快谱写科技兴流、信息兴流的新篇章。

物流信息无形无状、无色无味，然而它又无时无刻不存在于物流工作者身边。善于在无形中观有形，于无味中悟真味，于无声处听惊雷，才能耳聪目明，多谋善断，不断推动现代物流业沿健康之路蓬勃发展。

卷 十 四
物流应急篇

　　茫茫历史画卷，记载着应急物流之丰功伟绩。在社会发展中，突发事件往往令人猝不及防，物流应急则给人以希望。居安思危，警钟长鸣，时刻准备着应对突发事件，物流应急已经发展成为独具特色的物流分支应急物流。

一

　　加强应急物流建设刻不容缓。应急物流，顾名思义主要指以提供重大疫情、严重自然灾害、军事冲突等突发事件所需应急物资为目的，以追求时间效益最大化和灾害损失最小化为目标的特殊物流活动。当一个国家或地区发生重大自然灾害或突发性事件时，应急物流保障得好，就能够减少损失和危害，如果应急物流搞得不好，则给这个国家或地区造成重大灾难。可见，对于应急物流，站在国家安危的高度来认识，应当引起高度重视。我国属于突发事件高发国家，公共卫生设施建设、物流基础设施建设、国家冲突的应急储备等方面均存在很多不足。积极探索应急物流的运行规律，开展应急物流的理论研究与实践探索，与时俱进地促进应急物流建设与发展，使其在人民生活及国防现代化建设中发挥应有作用，增强国家、社会对消极性突发事件的有效应对能力，减弱负面影响和损害，是摆在我们面前的重要课题。

　　充分认识应急物流的战略价值。大至一个国家，小至一个企业，在发展过程中总难免发生一些突发事件。这些突发事件，如果处理不好，应对措施不力，就极有可能给一个企业、一个地区乃至一个国家造成毁灭性打击，给人民生命财产造成巨大损失。为保证国家战略安全，保证有效应对突发事件，以尽量小代价和损失来维系国民经济正常运转，就必须从国家安全战略高度，审视应急物流的建设与发展。应急物流建设的主要宗旨，就是提高国家有效应对突发事件的能力。从社会作用层面上讲，应急物流的主体功能包括：快速抢救受灾物资和各类设施、设备，减小损失；及时补充物资，维系抢险救灾活动顺利进行；快速供应物资，帮助灾区重建；稳定民心，维护社会经济秩序安定等。可见，加强应急物流建设与发展，从宏观上讲，直接关系着国家社会和谐稳定和国防安全巩固，与国家、各级政府息息相关；从微观上讲，则关系着百姓安康、生活幸福，与个人和群体利益也息息相关。因此，坚持与时俱进的发展思想，开创我国应急物流建设新局面，事关国计民生，意义重大。

二

正确把握应急物流的特性。应急物流就本质而言，是在危机发生时对物资、人员、资金等需求进行紧急物资保障的一种特殊物流活动。与一般性物流活动相比，应急物流更凸显了如下五个主要特征：一是时效性。由突发事件引发的应急物流，最突出特征就是物流活动的时效性。由于应急物流要求的高时效性，导致一般物流运行机制难以满足应急状态下的物流需要。时间就是安全，时间就是生命。应急物流应遵循特事特办原则，许多一般物流中间环节将被省略或压缩，整个流程将更为紧凑，物流机构将更加精干，物流行为也将表现出浓厚的非常规色彩。二是弱预见性。由于突发事件涉及面广、破坏力大、突发性强，导致事件持续时间、影响范围、强度大小等因素变得难以预见，也使应急物流内容随之变得事先难以判定。当然这种非预见性是相对的，随着科技的进步，原先不可预测或难以预测的东西，如自然灾害，逐渐变得可以预测，而一些案例性事故则可以用安全防范来降低其发生概率。三是需求的急迫性和多样性。突发事件发生时，短时间内需要大量物资，从救灾专用设备、医疗设备、通信设备到生活用品几乎难以计数；同时，往往伴随着物流环境恶化，如道路被洪水或山体滑坡阻断，通信线路中断等，除了需要及时配齐所需物品，还要将物品及时送达，这对应急物流系统必是严峻考验。四是军地物流的共同参与性。应急物流与军队物流均是在特殊条件下发生的物流活动，在应急作战状态下，军队物流实际上就是一种特殊应急物流。军队物流历来是国家应急物流体系主导力量，应急物流与军队物流在本质特性和物流要求方面具有相通性，在建设与发展模式上，二者更可以相互影响、相互促进。对于重大灾害处理，尤其是在运作应急物流时应积极把握军队与地方相结合的特点，军民团结，并肩战斗。五是应急物流供应保障的弱经济性。应急物流最突出特点就是"急"，这也使得物流成本急剧增加，如果依然运用平时物流理念，按部就班地进行，必将难以满足紧急的物流需求。在重大险情或事故处理过程中，经济效益将不再作为物流活动中心目标考虑，应急物流将呈现明显弱经济性，甚至在某些情况下成为一种纯公益性行为。一切为了前线，一切为了胜利，嘹亮的战斗号角响彻了军队物流和应急物流领域，从另一侧面折射了应急物流的弱经济性。

应急物流五大规律。第一，爱心（或道义）——应急物流的根本动力。不论突然爆发之战争，还是突如其来之灾害，生与死的较量，血与火的搏斗，都能看到应急物流的高大身影，是他们不分昼夜地向抗灾火线配送物资，才赢得了胜利。应急物流的原动力在于对社会对国家根本道义的维护，是对民众奉献爱心的最终体现。第二，时效——应急物流的主旋律。应急物流时间矛盾十分突出，时间是生命，速率是机会。早一分可以多救活千人，迟一分则可能死亡万人。所以，时效性贯穿应急物流的全过程，并约束着应急物流的体制和机制。第三，统筹——应急物流的主色调。应急物流要求对物流资源、物流行为和物流流程进行综合分析、系统研究、合理改进，其终极目标是实现应急物流系统的整体优化，实现资源配置合理、规划计划先进合理以及流程科学顺畅。第四，政府——应急物流的核心角色。有效应对突发事件，有效遏制突发事件的蔓延，组织应急物流，最大限度减少人民生命财产损失，始终是一个负责任的政府必须担当的道义。只有政府才能有意识地承担得起周密组织计划各级各类应急物资储备的任务，做到未雨绸缪、居安思危；只有政府才有能力聚集全社会的物流力量，将应急物资调运到事发地区；只有政府才能站在国家安全发展战略的高度，统筹规划，组织高效可靠的应急生产和应急采购，及时筹措到所需的应急物资。第五，机制——关乎应急物流的总成败。机制是一种带有规律性的运行原理和相关制度，应急物流机制体现在现行的管理体制下，推行的是消除各种有形和无形障碍、整合全社会应急物流相关力量的运行模式，它关乎军地协同、平急兼顾的应急物流体系构建，决定着应急物流的保障效果。

应急物流有坚实的理论基础与技术基础。应急物流三大基础理论，物流活性理论、资源统筹理论以及军地物流一体化理论。物流活性理论聚焦于解决应急物流系统的反应灵敏性、快捷性，应急物流作业的容易性及各环节衔接性、顺畅性。资源统筹理论致力于解决如何将分散多头的各种有形资源和无形资源实现综合集成。军地物流一体化在于如何将军队物流系统与地方物流系统融合为一个理论视野更开阔、功能更强的有机系统，以利于应急物流的建设与发展。应急物流三大技术基础：信息技术、模块化储存技术以及快速转运技术。信息技术重在解决应急物流的信息沟通，消除资源迷雾、需求迷雾和过程迷雾。模块化储存技术重在解决应急状况下有物可流，通过模块化的组合，满足应急物流多变的需求。快速转运技术在于提高多式联运中不同运输方式之间的紧密衔接，充分发挥各种运输方式的优长，以提高运输的时效性。只有理论基础和技术基础厚实，应急物流才能蓬勃发展。

注重应急物流体系的规划设计。应急物流体系指为完成应急物流保障任务而由功能上相互联系、相互作用的各种应急物流要素和系统组成的复杂大系统。规划设计应急物流体系应科学确定总体目标、设计思想与原则、体系结构及功能。

首先，确立总体目标。总体上，应急物流体系应具备同时应对两起I级（特别重大）突发公共事件的能力，并基本保证事发地以外地区社会经济正常运转，人民生活正常进行。具体而言，由于应急物流具有外部需求和体系能力的双重不完全确定性，因此应急物流体系既要维持充足的应急物流力量，又不能过多占用资源，影响国家物流体系的正常有序运作；在应对突发事件时，必须能够快速响应事发地各种类型应急物资的需求，确保物资畅通无阻、及时可靠地配送到终端用户，满足突发公共事件的物资需求。

其次，设计思想与原则。应急物流体系建设，以应对突发公共事件为统领，以全程可视可控的信息网络为依托，以现代物流先进技术装备、智力工程、工作机制为支撑，逐步建成集物流指挥调度、物资筹措、物资运输、物资仓储、物资配送于一体，各环节有机衔接，一体联动，高效快捷，及时可靠，形成优质高效的应急物流体系。应急物流体系建设应坚持以下基本原则：

（1）整体谋划，综合集成。加强顶层设计，统筹规划，从宏观上准确把握整体建设方向和进度，找准突破口，分阶段、按步骤、有计划地组织实施。

（2）政府主导，军民结合。以政府为主导，通盘考虑，整体谋划应急物流体系建设的蓝图，统筹规划，优化配置军民两大渠道的应急物流资源，形成"政府主导、军地协作"的军民融合式发展模式。

（3）着眼应急，兼顾平时。立足未来可能的需求，充分预计应急时各种复杂严酷的情况，具备足够的应急应变能力，同时搞好应急物流的常态化建设，使应急物流资源"寓急于平"。

（4）立足现有，边建边用。按照急用先建的原则，整合利用现有资源，通过重点、难点、热点、关键点的突破来带动整体的发展，边研究边建设，边建设边使用，在实践中及时检验建设的效果和质量，以实现迅速推广、全面推进、整体跃升的目标。

（5）厉行节约，注重效益。虽然应急物流具有弱经济性，但断不可因此而忽视效益问题，应按照建设节约型社会的要求，着力突出效益问题，搞好前端设计和预案制定，以适度的冗余满足应急物流保障的需要，确保应急时能以最小的代价换取最大的效益。

最后，体系结构及功能。应急物流体系是一个复杂的大系统，涉及政府、行业组织、物流企业等不同层次、不同系统的机构，也涉及筹措、仓储、运输、配送等不同功能的环节，还涉及信息、法规、人才、理论等不同的组成要素。一般来讲，从不同的角度出发，应急物流体系可划分为不同的结构。从要素构成入手研究分析应急物流体系的运行基础和运作机制，再从功能实现的角度进一步诠释整个体系，能更好地指导应急物流建设实践。应急物流体系主要包括应急物流组织系统、应急物资系统、应急物流设施设备系统、应急物流专业人员系统、应急物流信息管理系统、应急物流政策法规系统等。应急物流体系的这些组成部分相辅相成，紧密联系，既相对独立，又有机融合，是应急物流体系的基础构成要素，也是应急物流体系建设的着力点与着眼点。具体构成如下：

（1）应急物流组织系统指应急物流体系运作所需的机构设置（组织架构）、部门职责、人员编制、工作流程等。它是应急物流体系的"大脑"，发挥着指挥调度物流的功能和作用，决定了应急物流的运作流程、运作方式和运作效率，是应急物流体系的核心。

（2）应急物资系统主要包括应急物资的数量规模、品种结构、布局形式、生产能力、存在状态等相关构成要素。应急物资是应对突发公共事件的重要物质基础与基本保障条件。应急物资系统是应急物流体系作用的对象，是实现有"物"可流的必备条件。

（3）应急物流设施设备系统指具有应急物流功能的站台、码头、交通航线和路线等各种固定设施，及运输、库存保管、搬运装卸、包装加工等相关设备和机具、工具等，是开展应急物流活动的必要条件与有效运作的物质基础。

（4）应急物流专业人员系统包括应急物流指挥决策、科研工作、专业技术、操作使用等各级各类专业人员。它是应急物流体系的能动力量，具体落实各种任务，直接决定应急物流体系建设及应急物流保障的质量效益。

（5）应急物流信息管理系统指用于应急物流需求感知、传递、分析、汇总、反馈的信息网络系统，相当于应急物流体系的"神经系统"，是应急物流支撑层建设中的一项基础性工程。

（6）应急物流政策法规系统指有关应急物流的国家法律、地方部门、行业法规及配套规章制度体系，政府制定的政策措施和应急物流预案计划，以及各种技术标准、性能规范等，主要对应急物流活动起到规范、激励、约束等作用。

此外，应急物流基础理论、应用理论与对策研究，既是推动应急物流体系建设的理论基础和强大动力，也是应急物流体系建设的重要内容。

确立军民融合、平战一体的建设思想。作为一种重要的保障手段，应急物流能够在应对突发公共事件时提供高效的物资保障，是我国全面建设小康社会的重要保障。在应急物流体系建设中，必须确立军民融合、平战一体的建设思想。

首先，应充分认识其必要性与可行性。一是必要性。突发公共事件的频繁发生，要求军民联合共同提高应急物流保障能力，全面提升全社会的应急管理能力。现代物流的建设与发展也需要以应急物流建设为契机，进一步整合优化军地物流资源，为建设和谐社会提供可靠的安全保障。从国家安全战略的高度看，无论国家经济建设还是国防与军队建设，都需要建立军民融合、平战一体的应急物流体系。二是可行性。近几年突发公共事件的频繁发生，使全国军民日益重视应急物流建设。国家交通运输网络和应急管理体系等应急物流建设的基础环境已初具规模，应急物资储备体系正在加速建设。

其次，要科学确定建设要点。一是力量的聚合。要站在国家安全战略的高度，发挥政府的主导作用和军队的骨干作用，统筹规划应急物流体系建设，优化配置全社会应急物流资源，调动全社会应急物流潜力。二是统一的指挥。组建常态化的应急物流专职部门，在纵向层级上区分国家、省、地、县四级管理职能与协调方法，在横向业务上涵盖指挥调度、筹措、仓储、运输、配送等应急物流基本功能，逐步形成集中领导、分级响应、属地管理的纵向指挥调度体系与信息共享、分工协作的横向沟通协调体系，形成军民融合式的应急物流指挥机制。三是统一的标准。制定应急物流标准体系表，规范应急物流运输、储存、包装、装卸、搬运、配送及相应的信息处理等环节内部和各环节之间的工作标准，与应急物流活动有关的设施设备、工具器具等技术标准，各环节各类技术标准之间及技术标准与工作标准之间的配合要求，还有与其他相关系统的配合要求等。四是平时的演练。结合国情社情，平战一体，强化平时演练，在《国家突发公共事件总体应急预案》框架下，定期或不定期组织公众参加应急物流演练，使各级机构和广大人民群众熟悉物流应急预案，提高全民应急物流意识，增强防灾避险、减灾自救能力，并在演练中对预案进行实地检验和修订完善。

三

着力推进应急物流的四大工程建设，具体包括：基础工程建设、管理工程建设、活性工程和智力开发工程建设等。首先，下大力做好应急物流的基础工程建设。应急物流基础工程建设是促进应急物流体系建设的重要支撑，也是我国应急物流体系建设的薄弱环节。目前，我国应急物流科研力量还没有形成合力，分散于全国各个高等院校和科研机构之中，成为制约应急物流事业发展的主要因素之一。加强应急物流基础工程建设已迫在眉睫。一是要充分掌握国内外应急物流发展程度，搞好国内外应急物流相关资料搜集、整理工作，建立应急物流研究资料数据库系统。二是深入剖析应急物流的本质、特性，制定并逐步完善国家应急物流标准体系，为推进国家应急物流事业发展提供标准依托。三是加强应急物流宣传教育，提高全社会的危机意识与自保意识，使全社会都能通过丰富的传媒渠道，接触、了解、认识、关注应急物流发展。例如，成立应急物流专业委员会，构建应急物流研究、交流平台，促使社会各方面的资源形成合力等。四是建立保障预案机制，逐步制定、完善各级政府、各社会团体应急物流保障预案，建立应急物流预案数据库，积极贯彻预案更新机制，打牢应急物流活动预案支撑。其次，积极推进应急物流的管理工程建设。中国创办的应急物流论坛，已连续举办 7 届，在国内外产生了巨大影响，已成为物流界一个知名品牌，应当下大力培育它，珍惜它。构建完善的应急物流管理体系，是推进应急物流事业的重要基础。尤其当前在我国应急物流体系尚不完善背景下，构建一个涵盖国家各级政府、企业、军队的一体化应急物流网络，并保证其高效运行，成为当前最佳选择。第一，在国家应急管理系统中开辟并构建应急物流系统，这一系统主要包括应急指挥系统、物资系统、设备系统、信息系统等四个子系统。第二，加强组织协调，积极组织国家各级政府、企业、军队联合构建功能齐全的应急物流信息系统。第三，加强应急物流活性工程建设。物流活性反映了物流系统的灵活性，为用户提供服务的多样性，物流保障活动的便捷性，以及物流系统的抗风险性。针对应急物流的弱经济性和时效性突出的特点，尤其应强化物流活性工程建设。应以增强物流活性为目标，进行系统设计，工程化推进。第四，搞好应急物流的智力开发工程。智力开发工程是应急物流发展的强力支撑。针对我国应急物流研究起步较晚、发展较慢的客观事实，军内外物流研究领域专家、学者必须强化对应急物流理论研究与人才培养重要性的认识，分析挖掘现有物流教育资源，整合军内外各高校应急物流科研能力，积极发展应急物流教育，培养高素质应急物流人才。强化应急物流学术研究，灵活采取学术研讨、技术交流、军地共同承担科研课题、军地相互利用成熟技术和产品等多种学术研究方式，积极开发应急物流理论，丰富、完善应急物流理论体系。科研院所与科研单位，应着力培养应急物流人才，以开办专业教学、联合培养等教学模式，拓宽应急物流人才培养的渠道，提高人才培养的针对性与水平。

加强军地一体的应急物流指挥平台建设。时间就是生命，应急物流就是与时间赛跑。信息在应急物流运作中发挥着主导作用，它能够优化调控物流，及时、准确、有效地驱散供需"迷雾"，实现应急物流全程可视可控，提高物流反应速度，降低物流成本。应急物流信息化建设是当前的一项重点内容。一要强化应急物流信息平台建设。运用系统集成手段，整合分散于有关应急模块中的应急物流系统，建立起上下贯通、左右衔接、军地一体的应急物流管理信息平台，分类反映，综合呈现地理信息、资源配置、物流通道、应急力量等方面的翔实信息，为应急物流管理指挥提供有力的信息支持。二要强化应急物流信息网络建设。建立基础性的应急物流信息资源库，建立健全应急预案、应急政策法规信息数据库，积极开展应急物流企业等终端节点的上网工程，依托政务网建成适应性强、功能强大、反应灵敏的应急物流信息网络，实现应急物流信息资源互联共享。

加强非常规物流通道建设。必须打破常规思维定式，并施以非常规手段和措施。主要包括两个方面：一方面，应论证配备必要的非常规应急物流装备。这里所谓非常规主要是指"一低一高"。"一低"主要是指技术含量不高，但在恶劣环境下可靠、有效的所谓低端物流装备；"一高"则是指技术含量高的先进物流装备及其配套设备。在应用新技术装备的同时，断不可忽视那些管用的老技术装备。另一方面，要加强全天候作业能力的训练。立足极端复杂、严酷的条件，组织应急物流作业训练，切实提高全天候作业能力，满足应急物流运作的各种需求。

加强应急物流基础性配套工作。要保证应急物流通道的畅通无阻，还应加强应急物流基础性配套工作，尤其应尽快完善和健全应急物流相关法律法规、技术标准。一是构建适应社会主义市场经济的应急物流法规体系。必须通过建立完善统一、协调的应急物流法律法规和制度体系，将应急情况下物流资源的有效调度规范到法律、法规的框架内，上升到制度层面的高度，克服法律效力层次不一、责任机构各自为政的弊端，理顺政府、社会、企业、个人在应急物流中的权利、义务关系。二是构建适应各种复杂条件的技术标准和规范。应全面考虑、分别制定适合多种物流方式的包装技术标准，规范应急物资，为应急情况下物流通道尤其是非常规通道的畅通奠定技术基础。

应急物流建设应融入现代物流发展中，不可另起炉灶。成功之关键在于机制创新。改革创新应成为应急物流建设发展的主旋律。应急物流建设绝不是离开现有的物流系统另搞一套，而是在我国现代物流建设的基础上，结合应急物流特点，补建一些必要的特殊物流设施设备，改造一些尚难以适应应急需求的物流设备，形成一套平急结合的应急物流体系。在平时，发挥着与一般物流一样的功能作用，为发展经济做贡献，到了应急情况下，快速启动应急机制，发挥骨干带头作用，迅速完成应急保障任务。寓急于平，是物流应急思想的集中体现。

卷 十 五

物流育才篇

　　物流兴旺，人才为本，培育人才乃第一要务。既要有领军帅才，又要有经营干才；既要有管理精英，又要有技术专才。统筹规划，合理安排，勇辟育才兴才聚才之道。要以事业留人，以环境聚人，以制度激人，以感情恋人。要牢记用庸才必窒息人才，用奴才必气跑人才。人才兴，则物流旺矣！

一

推动物流业发展必确立爱才如命、惜才如金的理念。我国物流产业起步较晚，各行各业对物流认识相对肤浅，物流理论和方法尚未在物资供应保障体系中普遍推广应用，对人才在物流业中的价值还没有清晰的认识，人才培养工作也相对薄弱。因此，树立爱才如命、惜才如金的理念尤为重要。强化物流宣传教育工作，是当前物流业建设发展的首要任务，要拓展宣教渠道，弘扬物流理念，普及物流知识，提高各级物流人员对物流的认知水平。要充分认识物流育才工作的重要意义，更新人才培养观念，拓展人才培养途径，创新人才培养模式，真正从根本上推动物流的建设与发展。

专业人才是物流成功的关键要素。培育造就一支结构合理、朝气蓬勃的物流专业人才队伍，努力达到人与物流的最佳结合，是关系我国物流业兴衰成败的长久大计。物流业的发展，尤其是机械化、信息化程度越高，越需要专门化的理论指导，越需要造就大批的物流专业人才。否则，物流机械化、信息化只能成为昙花一现的妙景，而最终仍然轮回到人搬肩扛的境地。现代化的物流系统，需要一大批高学历、高素质的专业优秀人才，特别是一些先进技术人才和高素质管理人才，通过发挥专业物流人才的经验和技能，依托专业的物流软、硬件基础，才能够创造出新的价值，实现更高层次上的优质物流服务。

物流业发展的智能支撑在于大力推进物流智力开发工程。高新技术在物流领域中的应用，使物流业的现代化水平不断提高，对于其智能支撑提出了更高要求。物流领域不仅要系统研发物流理论和技术，而且要大力培养优秀物流人才，归根结底要进行物流智力开发工程建设。现代物流业的迅猛发展，要求物流人才的知识结构不仅要有扎实的专业知识功底，还要掌握天文、地理、经济、管理等方面的知识，特别是对于物流高层管理者来讲尤其如此。物流人才只有具备一定深度和广度的知识结构，才能从容应对各种复杂局面，实施优质的物流服务。物流智力开发工程的主要任务，一是开发物流理论，并用先进的物流理论培育物流专业人才；二是发挥人才最大的主观能动性，充分调动其积极性、创造性，克服困难，完成各种环境下物流服务保障任务；三是创造良好的育才条件，激励各类物流人才脱颖而出。

二

物流人一生无非完成两大任务，一是认识自己，进而修炼自己；二是认识物流，进而改造发展物流。其中认识物流把握客观，相对较易，一靠学习二靠实践可矣；而认识自己则相对困难多了，物流人难以直面自我，必须借助镜子之类才能反映自我面孔，于是产生了认识误差。只有不断透析自我，时时注意修身养性，才能以完美和谐之体魄去开创物流事业，以旺盛勃勃之斗志及淡和平静之心态去发展物流事业，享受物流之快乐，品味人生之真谛。

物流人才宝库中拥有多种类型的人才。以物流人才的才干与能力的显露程度区分，分为显现型的物流人才和隐形物流人才。按照能级层次区分，能够站在物流全局的高度，善于预测整个物流动态，精于谋划战略发展，足智多谋，谋而善断，并做出特殊贡献，谓之高级物流人才；善于在中层物流机构进行组织协调工作，精于业务管理，谓之中级物流人才；位于执行层、技术精湛，精通物流业务，并在一线物流作业中显示出超众的才华谓之初级物流人才。根据物流的职能作用和工作领域区分，分为指挥管理型人才、理论研究型人才、专业技术型人才等。区分物流人才类型是一项严肃的科研任务，其目的是结合物流专业特点，把握各类人才成长规律，因才因境育才。

从宏观上分析，培育物流人才，无非是两大渠道，一是依托专业院校正规培训，二是在物流实践中培育人才。促进物流教学创新，仅凭一己之力是不够的，必须内引外联，创建开放式人才培育模式。培育物流人才六大模式。一是创建军地教学协作网。自 2000 年始，后勤学院联合北京交通大学、北京工商大学、北京科技大学、北京物资学院共同组建了北京高校物流教学协作网，为军事物流学科培养物流博士后 4 人，并为学院 9 期博士、硕士培养提供了外选专业课的平台，同时，五校举办学术交流研讨会 8 次，出版学术文集 5 卷，取得了令人瞩目的成绩。二是创建军事物流学术论坛。2007 年后勤学院创建了军事物流学术论坛，目前已经成功举办了六届研讨会并出版了论文集，中央电视台、《科技日报》等多家媒体和报刊均予以了重点报道。三是创建专业物流网。通过专业训练综合信息网，实现教学资料的共享，便于学生查阅专业资料和进行网上交流，据不完全统计，目前受众已达数千人。四是搭建全方位的人才培养平台。采取请进来、走出去的方式，广泛联系国际国内的知名物流专家学者和物流企业界人士以及政府业务主管人员，进行全方位的学术交流研讨；鼓励教师在学术兼职岗位上拓展知识面，增强教学素质，目前，后勤学院物流教学团队所有教师在中国物流学会、中国物流与采购联合会等机构中拥有学术兼职。五是组建专家团队。充分利用军内外教学资源，组建了由 17 位军内外知名专家组成的专家委员会，其中既包括军队专家，也包括地方单位的著名专家，他们指导并参与军事物流学科创新发展。六是在开放实践中培养学生。积极拓展科研及实践渠道，创造条件为研究生参与地方的课题研究或到地方物流管理部门、物流实体实习锻炼提供机会，在实践中培养研究生的管理能力、科研能力和实际操作能力。通过内引外联，实施开放式教学，不仅壮大了专业教学队伍，强化了协作，还加强了沟通交流，拓展了视野，有效促进了物流教学创新。

教学改革已成为物流育才的一把利器，教改经验表明：教学改革的基础在于团队；教学改革的生命在于质量；教学改革的动力在于创新；教学改革的出路在于开放。多彩的教改之花必结出丰硕的育才之果。

物流人才培养应加强军地联合，搞好合力共育。一是军地物流专业加强学术交流，并肩开发物流理论；二是地方高校可以开设军事物流课程，为军事物流培育后备人才；三是军地物流专业师生联合开展军事物流科研课题，在实践中互相学习，共育人才；四是军队院校科研机构的物流专业，在不泄密的前提下，加强与地方大型物流企业联系，采取多种方式汲取引进先进物流技术，培养军事物流人才。军地物流界联合育才，前景无量。

"玉不琢，不成器"，物流人才建设要经过严格的培养和训练。物流人才的形成需要通过三大途径：一靠院校正规培养。院校是人才成长的摇篮，物流人才培养必须走正规训练的道路，通过讲课、作业、演练、参观见学、案例教学、撰写学术文章以及网络教学等方法，获取物流知识和技能，形成较为系统的知识结构，为形成规范化的物流作业与管理能力奠定基础。二靠物流实践锤炼。物流是实操性很强的专业学科，物流实践有助于学生对知识的消化和吸收，有助于对知识的再认识和理解，有助于通过对实际问题的解决深化和提高物流理论，只有通过物流实践的锤炼才能将知识转化为物流的实际操作技能和解决问题的能力。三靠自学成才。物流人才的形成需要个人的自觉与努力，根据自身物流知识与能力的现状，逐步填充和完善以形成适合于自身特点的专业结构，在不断地学习与实践中循序渐进，成为本层级的物流专业人才。

建设物流学科是物流育才的基础工程。开展物流专业教学，培育物流人才，终究离不开学科建设。物流学科建设是物流育才工程的第一要务，加强物流学科建设应重点关注以下方面：一是科学规划学科的全面建设。认真分析学科建设面临的环境挑战和机遇，明确学科建设所处的地位、总体目标与分项目标，统筹规划学科建设的总体思路，突出抓好学科建设的重点工程，细致研究学科建设的步骤与措施。二是完善学科理论体系。打牢基础理论，深度开发，以奠其基；拓展应用理论，在辽阔的物流实践中发现规律，寻求创新；不断开辟前沿理论，彰显学科理论发展优势，占领学科理论制高点。三是理顺相关学科关系。物流是一门综合性、交叉性的学科，与物资学、交通工程学、运输学、仓储学、包装学、管理学、经济学等学科有着密切关系，容易在内容上产生交叉和重叠问题，必须抓住物流学科的本质特征，厘清与其他学科之间的关系，以利于学科的健康发展。

发展学科基础理论，是育才工程重中之重。目前，我国的物流理论与实践仍然处于初创阶段，要想夯实物流理论根基，必须加强物流基础理论的研究。如物流场理论、物流接合部理论、物流系统理论、战略理论、储备理论、配送理论、技术经济理论等，都需要深度开发，认识物流基本规律，才能盘活物流应用理论；攻占前沿理论的制高点，才能永葆物流理论长盛不衰。

创编学科教材，乃物流育才工程的重大任务。完整的教材体系，乃是学科理论的载体，也是教书育人之依据。创编教材的基本程式：第一步，受领任务。下达教材编写的任务，教师一定要弄清以下问题：教材编写目的是什么，供哪一类学生使用，时限要求及其他质量要求等等。只有对这些问题做到心中有底，才能下定承担任务的决心。第二步，拟制编写计划。一般采用集体讨论的方法，集思广益，形成一个较全面的编写计划。编写计划的基本内容包括：教材名称，编写要求，工作阶段的区分，各阶段工作的负责人，主要的集体活动安排，以及时限要求等。计划要切实可行，以便统筹安排各项工作。第三步，形成教材编写纲目。依据编写任务和编写计划，在收集整理有关参考资料的基础上，系统列出具体方案，进行对比选优。纲目是对教材的总体设计，必须慎重谋划，细心构思总体框架。广泛征求意见，进行修订完善。第四步，编制教材编写的细目。如果第三步形成的纲目仅仅列述到具体章节的话，那么细目则应该将章节中的主要论点列出来，个别章节的主要内容亦可加以定性描述之。要开动脑筋，积极思维，既从宏观角度思考问题，又从微观方面细细琢磨，力争使细目更系统完整。第五步，编写具体内容，形成文字初稿。教师要反复思考，认真谋篇，待达到呼之欲出的意境时，再动笔写作。在编写初稿过程中，以基本表达清楚为原则，尽量做到一气呵成，通顺、明白是初稿的要求。第六步，修改定稿。对初稿反复研讨，尤其对重要的学术观点要认真论证，力争准确恰当；对引用的论据材料，要认真核对，避免差错。为了提高教材修改质量，往往易人修改，即执笔者写完初稿后，交由经验丰富的老教师进行修改，力求达到表达准确、言简意赅。

讲课艺术是教师授课的技能和本领，是教师创造上乘"产品"的高超的技巧。讲课艺术是一种多因素构成的复合体，至少包含如下基本要素：一是阐述问题的逻辑性，先讲什么，后讲什么，哪里是高潮，哪里该结尾，讲述起来犹如行云流水，顺乎自然，其逻辑思维路线十分清晰。二是讲解问题的诱发性，点到为止，留有余地，使学生听后感到宛如一石击水，思潮滚滚，联想浮动，触类旁通。三是讲述问题的心理性，紧扣学生心理，拨动学生的心理琴弦，使之听起来亲切朴实，乐于接受。四是口头语言的丰富性，遣词造句得心应手，比喻类推恰如其分，绘声绘色地描述事物，抑扬顿挫地讲述道理。五是讲述手段的综合多样性，既有语言口头表述，又辅之以手势，同时带着丰富的面部表情，以情感人，以理服人，必要时示以实物，大大增强表达效果。以上构成了讲课艺术的基本要素。讲课制胜五字诀："真""巧""活""新""精"。第一，以"真"扎根。所谓真，一方面要求教师讲课严肃认真，一丝不苟；另一方面是指说真话、论真理、动真情。要向学生讲述"货真价实"、名实相符的真道理，而绝不能以次充优、哗众取宠，向学生推销"假冒伪劣"产品。第二，以"巧"为枝。讲课的巧，应贯穿整个授课过程。巧开篇，是指讲课的开头部分巧妙引发，让学生立即跟上教师讲课的思路，步步深入。巧举例系指讲课中引用的事例应排布得当，与要阐明道理紧紧相扣，切中要害。巧结尾是指讲课的结束语要巧妙安排，以奏"余味无穷"之效。第三，以"活"为叶。讲课灵活，生动活泼易于吸引学生，易于创造热烈的课程气氛。总体布局要活，讲课方法要活，除此之外，讲课还要注意搞活课堂气氛，调用有效手段，让学生思维活跃起来。死气沉沉、沉闷压抑的讲课气氛，只会削弱讲课效果。第四，以"新"开花。讲课必须以新制胜，新通常指新信息、新观点、新思路。新信息犹如春风化雨，令学生耳目一新、精神振奋。新观点，即通过教师勤奋思索，提炼出富有新意的观点和结论，往往会收到更加显著的效果。新思路是教师讲课分析问题的思维路线不循旧路，另辟蹊径，别有洞天。第五，以"精"结果。讲课如同给学生提供食品，要将精品献给学生。唯其精果，才能真正丰富学生。唯其精果，也才能收到良好的讲课效果。讲课内容要精，把精华内容讲深讲透。讲课语言要精，讲课用语一定要精当贴切，一语道破，切莫隔靴搔痒。综上所述，讲课制胜应牢记五字，即"真""巧""活""新""精"，其中"真"字为根，"巧""活"为枝叶，"新""精"为花果。

坚持理论与实践相结合，教学与科研相结合，通才培养与专才培养相结合，乃是物流育才的基本遵循。理论与实践相结合，物流理论的正确与否必须通过实践进行检验。物流人才不但应该具有掌握理论、应用理论的能力，同样也应当具备检验理论、发展理论的能力。因此，需要注意从理论和实践的结合上进行物流教育的创新，全面提高学生的素质和能力。一种方法是通过大量的案例教学，激发学生创新性思维，并借助各种实物模型、演示系统、仿真系统等平台，将理论教学与锻炼学生实际动手能力有机结合起来。另一种方法是采取多种形式，如定期组织学生赴物流企业、基层业务单位实习锻炼和任职实践，引导学生参与课题研究等，不断为学生提供实践的机会，使学生的实践能力得到全面提高。教学与科研相结合，物流教育的创新不但包括教学的创新，也包括通过科研进行的教育创新，二者紧密结合。教学创新首要的是发挥教师教学的主导作用，使之具备进行创新性教学的观念、素质和技法；其次要充分发挥学生的主体意识和个性特征，让学生积极参与到教学的全过程，提高学生学习的自觉性和主动性，使学生的主体作用和个性特点充分发挥出来。科研创新就是要教师积极致力于科研，并将新的科研成果及时运用到教学实践中去；其次要适时、适量地安排学生参与科研，使学生带着科研中的问题自觉地去学习和研究。科学与教学紧密结合，借助科研内容和方法的创新，不仅极大地丰富了教学内容，而且为物流教育创新开辟了一条有效途径。培养通才与专才相结合，物流学科的高度分化与综合集成，决定了物流人才应该具有"T"型的知识结构，专一门通多门，既是物流学科某个研究方向的专才，同时也是物流学科全领域的"通才"。在物流教学上，在保证物流主干课的基础上，适当增加物流相关专业的选修课，是通才教育的主要手段，尤其是针对物流管理层和决策层人才的培养；在研究方向上，针对某一项技术或者内容，深钻细研，独树一帜，是专才培养的主要手段，尤其是针对物流技术人才的培养。通才与专才培养相结合，因人因岗因材施教，才能实现物流教育的创新。

物流管理人才修养要点。育才离不开自修。物流管理者必须具有良好的职业道德、深厚的物流知识和管理能力，才能管理好物流实体。要想真正成为一名优秀的物流管理者，必须要注重在实践中自修，做一个物流管理的有心人。第一，要有正确的定位。要保持清醒的头脑，认清自己的职位、角色和能力。职责分明，各负其责，谓之职务定位；在工作岗位上扮演好管理者的角色，叫作角色定位；对自己的能力有一个准确的认知，既不狂妄自大，也不妄自菲薄，叫作能力定位。第二，要注重职业道德。物流管理者，首先要有诚信之德，做事讲信用，待人要诚实，当一个老成之人；其次要有包容之德，要严于律己、宽以待人，包容别人偶然的失误，不做斤斤计较的心胸狭窄之人；再就是坚韧之德，要能够坚持原则，坚持真理，遇到困难不动摇，碰到挫折不灰心，要有一种永不言败的坚韧劲头。第三，要练功。物流管理者必须修炼学习之功，要能把厚书读薄，薄书读厚，做一个想学习又善学习的管理者；要修炼调研功，善于倾听被管理者和员工们的意见，善于见微知著，发现苗头及时予以解决。第四，要学艺。要在物流实践中，逐步掌握各种管理艺术。例如用人艺术，善于发现人才，善于用人所长、避其所短；开会艺术，减少文山会海，提高会议质量；沟通艺术，善于与员工谈心交心，用各种方式沟通物流人的心，团结他们共同奋斗；指挥艺术，要学会软化指挥命令，不断增强指挥命令的可接受性；讲话艺术，精化自己的管理语言，让员工听到你的讲话倍感亲切，讲话要有感召力。第五，要扩容。物流管理者应在实践中不断扩大自己的知识容量和心理容量。不仅要学物流专业知识，还要学习经济知识和管理知识，还要不断地扩大心理容量，不做一触即跳的人。唯有立志于在物流海洋中遨游，并且不畏风浪的管理者，才可能成为真正的弄潮儿。开开心心管理物流，扎扎实实修养锻炼，一定会成为一名优秀的物流管理者。

三

文史哲基础扎实、数理化根基牢固，乃是物流人才建功立业的基本条件。物流人才的首要标准是真正有知识，文史哲等社会科学知识体现着物流人才的思想品质和对物流现象的辨析能力，数理化等自然科学知识是快速掌握现代科学技术的基础，两者共同奠基了物流人才的观察、分析、判断和归纳的能力，是物流人才真正腾飞，为物流事业做出贡献的基础。

时刻注重维护保持一颗童心，注重观察思考物流现象，并能由此及彼、由表及里地推敲研究，自学成才就可以变为现实。物流横跨自然科学、管理科学和经济科学几大领域，其胸襟之博大浩瀚，可见一斑。物流可包容多学科之精华，无论是哲学之原理，还是物流学之结晶，抑或是数学之定律，皆可在物流领域展示才华。物流容忍思维之幼稚，激励思维活跃与创新，喜"新"厌"旧"乃物流之秉性。新思维的介入必给物流增添生机与活力。抱残守缺、故步自封乃物流之大敌，而抗拒这种大敌最有效的手段莫过于创新。物流创新亟须保持一颗童心。俗话云"童言无忌"，恰与物流之品格相宜。童心好奇，奇思连篇则利于创新；童心无畏，无畏无惧才能破难而上；童心纯洁，纯洁则易于反映物流之本质。唯有真正通晓物流本质而又始终保持一颗童心者，才有希望驾驶物流之舟抵达胜利的彼岸。

领军人才自修三议。一曰德要修厚。德乃成才之本，欲成才必先修德。尤其学科领军人才，务必要修厚德以养才。应格外重视修炼崇识之德。从内心深处崇尚知识，崇拜真理，敬畏真理。要培育探求真理的勇气，执着于对真知灼见的追求和探索；勇于维护真理，敢于坚持真理，真正做到不唯书，不唯上，不唯权威，练就践行真理的钢筋铁骨。还要修炼包容之德。要有天空般的学术视野，海洋般的理论胸怀，山谷般的心理容量。要能包容百家学术见解，善于博采众长，长我学识；要能容纳万家理论成果，善于取长补短，富我理论宝库；要能接纳各类专业人才，善于扬优弃劣，壮我科研队伍。在领军攻克科研难关时，海纳百川，不求为我所有，但求为我所用，具有博大无垠的包容之量。更要在教研实践中积累惜才之德。要以事业为重，爱才如命，惜才如金；善于发现人才，不拘一格举荐人才，甘为人梯，乐为后续人才铺路搭桥。二曰功要炼深。功乃成才之基，只有功力深厚，才能做到厚积薄发，建勋立业。特别是领军人才，尤其应注重炼深功以成才。首先要锤炼学习功。既要善于研读有字书，更要精读无字书，在茫茫苍苍的知识海洋里自由搏击，汲取营养；要锤炼厚书读薄和薄书读厚的功力，既能将洋洋洒洒百万字的书越读越薄，凝练出几十字的思想精华，又能将薄薄的一本经典著作，诠释出数万字的体会文章，厚书读薄功力非浅，薄书读厚道行也深。还要锤炼调研功。实践出真知。要善于在火热的实践一线开展调查研究，善于在实践中发现问题，探索规律。调研的真功夫在于如实地反映事物的本质，既不夸大，也不缩小，善于在浩若烟海实例中探求真理。更要锤炼表达功。既善于口头表达，又精于文字表达，既能在课堂上生动活泼地向学生传授知识，又能在报刊上发表精辟独到的学术文章。领军人才应注重在教学科研实践中，不断锤炼这两大表达功力。三曰艺要学精。艺乃成才之术，欲成才必须学艺。尤其领军人才，务必要掌握精湛的教研艺术。首先应学习掌握思维艺术。既要掌握辩证的思维方法，又要熟悉科学的思维路线，灵活运用，必见成效。发现问题→表述问题→提炼概念→分析特点→剖析结构→解析功能→权衡利弊→研究对策，清晰勾画出了一条科研思维路线。作为领军人才，在科研实践中要反复磨炼，仔细品味，力争实现精益求精。还要学习掌握带队艺术。要精心打造结构合理的科研团队，以情带队，以理组队，以公建队，形成特别能战斗的优秀集体；要善于发挥拔尖人才的带头作用，善于集中优秀人才的智慧和专长，形成合力攻坚克难；要善于扬长避短，创造团队的宝贵艺术品格，营造团结和谐的团队氛围，带领队伍不断攀登教学科研的巅峰。更要学习掌握创新艺术。领军人才要注重保持一颗童心。积极向上的年轻人心态永不自满，永不言败，这种昂扬向上的品格，正是领军人才必备的宝贵艺术品格。领军人才应选准理论创新的着力点，善于在"补白、纠偏、发展、杂交"四个方面下苦功夫，于热点中寻求新发现，于冷点中寻求新见解，于难点中寻求新突破，于重点中寻求对策，不断获取创新性成果。

培育物流人才三大目标，一是企业家，物流企业是物流业发展的中坚力量，企业家是物流企业的掌舵人，是物流理论与实践的融合者，企业家的物流实践创新，更是物流理论创新的源泉。二是管理者，管理者是物流战略的具体实践者，还是物流运作与执行的具体维护人，优化物流流程，提高物流经济效益，解决物流难题，实现物流精益求精。管理者是物流理论与实践的结合者，同样是物流培训的组织者和物流人才的使用者，更是物流事业繁荣兴旺的重要群体。三是理论家，理论来源于实践，又高于实践，物流学科专业的稳固发展需要理论家长期不懈的努力，发展物流基础理论，拓展物流应用理论，积极推动物流前沿理论。物流创新离不开理论的创新，离不开理论家大胆的设想，缜密的论证和系统的思考。理论家是物流学科建设、物流业持续发展的核心人才群体。

卷 十 六

物流发展篇

　　任何事物总是经历着由小至大、由弱至强的发展过程，物流亦不例外。物流与社会活动相伴而生，从几乎全靠人搬肩扛的人力物流，发展为靠机械化作业的机械物流，而今人类阔步跨入信息时代，网络技术及智能设备的应用发展，逐步形成了信息物流。足见物流随社会发展而发展，随社会进步而进步矣。立足现实，瞄准未来，统筹全局，坚持创新，探求物流发展之道，谋划物流发展之策，既是物流界的共识，也是物流领域的永恒主题。

一

物流务必坚持可持续发展的重要内容。物流活动与社会经济的发展相辅相成，在社会文明程度日益提高的今天，经济的发展必须建立在维护人类生存环境的基础上，可持续发展已经成为现代社会经济发展的必然选择。物流作为人类的各种经济活动的重要组成，直接关系到环境的保护和资源的消耗。物流发展的一个重要方向是绿色物流，它已经作为社会可持续发展的一个重要环节，与绿色生产、绿色营销、绿色消费等紧密衔接。绿色物流以降低环境污染、减少资源消耗为目标，利用先进物流技术，对运输、储存、包装、装卸、流通加工等物流活动进行科学规划和实施，以形成良性发展态势，保护资源环境。因此，绿色物流是现代物流发展的必然选择，同时也是社会可持续发展的重要手段。

物流发展是推动国家和社会进步的重要手段。人之于物，宛如鱼之于水，水竭则鱼灭，物尽则人亡。四通八达的物流网，犹如国家肌体的动脉血管，源源不断地为国家社会活动提供营养。物流所提供的乃是人类社会一切活动的物质基础，同样也是国家和社会经济运行的重要基础。我国物流业虽然起步较晚，与发达国家相比尚存在一定差距。但丝毫也没有影响物流的社会地位与价值。同样发挥着推动国家社会进步的重要作用。更何况就我国物流整体而言，还存在物流布局规划不合理，物流资源利用不充分，物流体制不健全，物流法规不完善等诸多问题，严重制约着物流水平的提高。而且就企业而言，材料和产成品库存过大，产成品成本上升，现有物流设施未能充分利用，物流水平与企业发展还不相适应。因此，我国更应当大力推进现代物流业的发展。

物流发展是对国家安全体系的有力支撑。物流从运行的主体来区分，可以分为地方物流和军队物流，但是就其功能来讲，军地物流都承担着维护国家安全提供物资保障的使命。在平时，军队物流服务保障的对象是军事训练，地方物流服务保障的对象是经济建设。当遇到战争或自然灾害时，就要发挥军地物流联合保障的优势，全力完成物资保障任务。战争发生时，就要以军事利益为重，一切为了前线，一切为了胜利，军地物流联合起来共同为战争提供物资保障。当洪灾、火灾、地震等自然灾害发生时，军队物流系统也要与地方物流一起抢险救灾，挽回经济损失。军地物流联合发展可以实现军地双方物流的优势互补，形成整体合力应对突发事件，特别是在军事领域，军地物流一体化势在必行。因此，军地物流联合发展是现代物流的必然趋势，合理规划军民结合的现代军事物流体系的建设和发展，对于应对未来可能的多种安全威胁，立于不败之地，具有十分重要的意义。

社会资源是物流发展的基础。物流的最高目标乃是优质高效地满足用户之需。物流需求随时代变化而发展。古代社会，生产力十分低下，对物流需求也就异常简单，不仅质量要求不高，时间要求也不苛刻。到了近代社会，生产力高度发达，人类生活节奏普遍加快，对物流之需也就越来越高，不仅要求数量准质量优，而且要求时间及时地点准确。人类跨入信息时代，对物流需求更加严苛，各类用户的个性化需求尤其应当注意满足。物流活动不仅体现在把货物送到手里，而且集中反映在用户满意度上。时代在进步，社会在发展，与生产力水平密切相关的社会资源，始终是物流运作的主体，是物流优化重组的对象。因此，社会资源的优化配置已成为物流活动的重要内容。

物流的使命任务决定了物流发展方向，优质高效地满足用户需求乃是物流本质使命，偏离了这个总方向，物流注定要失败。物流的基本特色决定了物流发展的道路，军民结合、平急结合乃是物流的两大特色，因此，现代物流必须沿着军民结合、平急结合之路阔步前进。

优质高效、物畅其流是物流发展的总目标。物流发展就是追求优质高效，质量第一的思想应贯彻整个发展过程。那种片面追求速度而忽视质量的做法，是与物流发展目标相背离的。物畅其流是指道路畅通无阻，物流诸环节无缝链接，物流诸要素通力合作，整个供应链形成顺畅的物流体系。

科技兴流是物流发展的主旋律。依靠科技进步，推动物流事业发展，既是经验的总结，也是对物流未来的基本判断。物流具有博大的胸怀，任何先进的技术，都能够来此阵地一显身手，特别是以信息技术为主帅的高新技术群，在现代物流领域更可以发挥巨大作用。物流发展全程都应唱响这个主旋律。

信息化和标准化是物流发展的两大翅膀。信息化是现代物流发展的强大动力，标准化则是物流展开的重要基础。积极推进信息化和标准化建设，进一步夯实建设基础，已成为我国物流体系建设的重点工程。稳步推进物流信息化建设。要尽量发挥物流信息在采集、传输、应用和数量质量等方面的优势，保证高质量的物流信息在物流系统的各环节、各对象、各环境、各要素中快速采集、传输和共享，增强物流指挥决策的科学性。要采取产学研结合的方式，拟制出国家和地区物流信息化建设方案以及相关管理制度和实施办法，指导物流信息化建设稳健发展。积极推进物流标准化。物流标准化是以物流为一个大系统，制定系统内部设施设备、专用工具等技术标准，包装、仓储、装卸、运输等各类作业标准，以及物流信息标准，并以此形成物流标准化体系。物流标准化是物流系统各环节紧密衔接、高效协同的迫切需要和基础条件。我国正积极开展物流标准化研究和标准制定工作，但受多种因素综合制约，物流标准化建设依然任重道远。

先进的物流理念是物流发展的灯塔。物流建设与发展应积极倡导五大理念。一是系统优化。系统结构合理，功能匹配。二是技术集成。将各类物流技术集而成之，在先进战术思想指导下发挥作用。三是信息制胜。依靠信息技术，盘活物流肌体。四是天人合一。倡导绿色物流，善待环境。五是服务至上。全心全意为用户提供优质物流服务。

人才是物流发展的核心要素。人才培养是物流建设与发展的战略性基础工程。强化人才培养与使用，是关乎物流建设与发展的大计。首先，要深入调查研究，搞好物流人才现状分析，在此基础上，找出物流人才成长的薄弱环节，结合人才培养使用的可行性，制订出物流人才建设规划。其次，加大物流专业人才的培养力度。院校和科研机构，应当从培养规模、培养质量、培养渠道和方法等方面下硬功夫，不仅要积极更新人才培养观念，突出创新能力培养，而且要积极拓展人才培养途径，创新人才培养模式。最后，要搞好物流人才的使用。一方面，我国物流人才缺口较大，难以满足社会物流建设与发展的需求；另一方面，由于受落后思想观念的束缚，一些用人单位还不能正确合理地使用现有的物流人才，浪费人才现象时有发生。因此，必须加强用人环节的管理，从制度上确保物流人才在合适的岗位上发挥作用，真正做到人尽其才。

社会需求是物流发展的总动力。物流之所以滚滚向前、奔流不息，皆由物流动力推之、拉之。物流发展必遵循需求决定流量之基本规律，需求越大，流量越大，发展的动力越足，当需求为零时，供需达到平衡状态，物流也就终止了。社会物流当研究社会需求，社会需求为物流发展之总动力。具体分为五种动力：一类叫利益驱动力，由物价差异产生利益，物流在此利益驱动下，由低价位流向高价位，利益愈大，则驱动力愈强；二类叫行政推动力，靠行政命令推动物流运行；三类叫政治感召力，为政治信仰所感召，推动物流以复使命；四类叫法律牵动力，在法律约束下依律而行，按规兴流；五类叫道德感染力，抢险救灾时发生的应急物流，大都源自道德的推动力。与之同时，物流发展过程中也会遇到许多阻力，如落后观念产生了阻滞力，落后体制产生的束缚力，恶劣环境产生的阻碍力，等等，都会从不同侧面对物流发展产生不良影响。应当积极壮大物流动力，主动破除各种阻力，想方设法化阻力为动力，推动物流业沿正确方向健康发展。而物流改革创新，则是永不枯竭的动力源泉。

物流发展既靠远大目标牵引，又靠具体措施落实。物流发展必确立远大目标以定方向，优质高效地满足用户之需，乃物流孜孜以求之最高目标。随着社会的发展，生产力水平的提高，尤其是信息技术的广泛应用，物流的目标将更趋于"数、质、时、空"四大矛盾的完全解决。实现目标必须要脚踏实地，心平气和制定具体的实施步骤。只盯着目标，不关注眼前实际，不注重克服实际困难，则只能是一事无成。物流发展必须要兴动力，破阻力，持续进步，务必遵循以下诸条：一是合理配置资源，切实做到人尽其才、物尽其用，依靠整体力量促发展；二是坚持改革创新，不断优化流程，做到结构合理、功能匹配，依靠体制创新谋发展；三是坚持开放搞活，整合内外资源，不求为我所有，但求为我所用，依靠内外合力推动发展；四是坚持以人为本，强化科学管理，激活员工积极性和劳动热情，依靠正确策略引导发展；五是诚实为本，合作共赢，依靠团结协作促发展；六是强基固本，信息制胜，软硬兼施，挖掘智能，依靠科技进步谋发展；七是天人合一，绿色环保，依靠优良环境谋发展。总而言之，立足现实，瞄准未来，放眼全局，坚持特色，是物流发展进步之内核。唯有方向正确、目标明确、重点突出、举措有力，才能推动现代物流业阔步前进。

准确判断物流现状，找准优劣，认清基础，是谋划物流发展的基本前提。振兴物流务必坚持实事求是，慎重考察以下诸条：一是了解外部大环境变化。认真研究今后计划期内物流系统外围大环境的变化趋势，预测计划期内物流业将处在一种什么样的客观环境中，有哪些不利条件，以便采取对策化劣为优。二是社会物资需求的总预测，包括各类物资需求的内部结构以及数质量要求。需求预测越精确，发展规划的制定越具有针对性，要从数、质、时、空四个方面详尽地论证分析，以便谋划对策。三是对社会物流力量进行恰当的评估，既要弄清楚现有物流力量的大小，更要查清今后计划期内物流力量的壮大前景，从而对物流业的整体实力做出确切的评估。四是对以往的物流实践进行周密的分析研究，找出战略指导上的成功经验和失误教训，为制定新的规划奠定基础。物流发展必须把握现状，着眼需求，量力而行，断不可一哄而起，只求轰动，不计效果。

适应战略、竞争战略和发展战略是物流业界高度重视的三大战略。适者生存法则同样适合物流发展。不讲究适应战略，物流业难以生存；不讲究竞争战略，物流业难以脱颖而出；不讲究发展战略，物流业难以为继。首先，适应战略。强调适应法则，变被动适应为主动适应，变局部适应为全面适应；变劣质适应为优质适应。其次，竞争战略。泱泱市场，竞争激烈，能在众多同类企业中脱颖而出者，必是竞争战略之高手。物流竞争战略之核心，乃是全力打造特色物流品牌，凸显核心竞争力。彰显个性特色，突出自身优势，坚持有所为而有所不为，化繁琐为精要、削枝蔓强茎干，则可强势傲立商场，永不败矣。最后，发展战略。物流企业站立行业潮头，眼观六路、耳听八方，测风云之变幻，度季节之轮回，选发展之道路，定前进之方向，此谓之发展战略矣。

物流发展五大策略。政策和策略是物流的生命，物流发展策略是决定物流业成败的关键。扎实推进我国物流业发展，必须坚持军民结合、互促共赢策略，走军民结合之路，构建军民结合的物流体系，实现军民互促共赢。坚持创新机制、综合集成策略，立足安全发展战略全局，积极创新管理和运行机制，综合集成力量要素，全面实现军地物流资源科学统筹。坚持科技进步、信息制胜策略，充分发挥信息技术在物流服务保障中的"倍增器"和"黏合剂"作用，充分利用社会科技资源力量，积极推动物流技术集成创新，努力提高物流技术水平。坚持重点突破、扎实推进策略，着眼应急物流、智力开发、仓储转型以及活性建设等重点工程，稳步推进建设任务落实。坚持以人为本、和谐持续策略，创造绿色物流，倡导物流文化，提倡高品位管理，实现和谐可持续发展。

军地物流一体化，物流范围国际化，物流手段智能化，物流经济全球化，将是物流发展的总趋势。军地物流一体化，军队物流系统与地方物流系统进行有效的整合和优化，平时相互融合、协调发展，促进经济繁荣；急时和战时高度集中统一，共同完成多样化的物资保障任务。物流范围国际化与物流经济全球化，由于国际贸易的拓展，物流合作将依托国际协作关系，进行国际间的技术合作与交流、国际间项目的开发与协作，物流标准将与国际接轨，物流范围向国际间扩展，物流经济向全球漫延。物流手段智能化，由于信息技术与人工智能技术的广泛应用，物流系统将实现物流方案的自动生成、物流环境的自动监控、设施设备的自动检修、物流作业的自动处理、业务形势的自动分析、作业人员的自动培训等功能，使物流系统的人、物资、装备、设施之间形成一个良性的闭合循环，从而更好地适应外部环境和需求的变化，极大地提高物流的综合效益。

后　记

　　窗外，雪花纷纷扬扬，告诉人们冬天已然来到了。透过那茫茫的雪雾，我分明看到了一株嫩绿的幼苗正破土而出，须臾间枝繁叶茂展苞怒放，为物流园地平添了几分姿色。欣喜之余，权且将它命名为"物流思想"。

　　扯天连地的雪帐，丝毫也阻不住我浮想联翩。我首先想到了培育这株花朵的园丁们，黄剑炜、黄定政、徐东、龚卫锋、赵蕾、付相保、李雪姣、刘邱丽、赵新光、夏文祥、陈煜强……都和我一起挥汗如雨，一起开荒播种，共同分享着学术劳作的快乐。我在想，与其将"物流思想"喻作学术之花，还不如叫作"情谊之树"更为确切。若没有这个优秀团队的集体智慧和辛劳，就断不会有这部著作的健康问世。

　　漫天飞舞的雪花，也让我想到了心心相印的老战友们。雷渊深、姚增义、糜振玉、王厚卿等，都为物流学科的发展积极出谋划策，为物流理论的振兴出力流汗，与我携手搏风击浪，并肩耕耘播种，共享学术甘苦。雷渊深研究员更是倾全力帮我培育人才，几乎我的所有学生都得到过他的悉心指导与帮助；还有马宏伟、王爱玲、周志强、唐玮、李戍、杨万海等战友，长年与我并肩奋斗于物流学术一线，结下了深厚友谊；还有那些不穿军装的战友们，像王之泰、丁俊发、吴清一、张文杰、汝宜红、何黎明、贺登才、崔仲付、任豪祥、何明柯、张明等，都以不同方式帮助我们，一道战难排阻，一道研发物流理论，结下了纯洁的友谊；还有李祝文、王东明、唐武文、王向阳等战友，都曾和我一道研发物流理论，一道垦荒种地。这种在战斗中凝练出的深情厚谊，比黄金都宝贵，永远值得珍爱。

望着漫天大雪，让我越过寒冷的冬日，看到了那百花盛开的春天。"物流思想"诞生于冬季，昭示着物流春天的来临。让我们更加紧密地团结起来，抖擞精神，开拓创新，培育出更多更美的物流学术花卉。我分明听到了物流春天的脚步声……

二〇一五年十一月六日·灯下